新时代
〈管理〉
新思维

IP破圈

打造爆款个人品牌

黄斯狄 —————— 著

清華大學出版社
北　京

内 容 简 介

在当今竞争激烈的商业环境中，企业家个人IP影响力日益重要。本书聚焦IP破圈，解析企业家打造个人IP的方法论和技巧，帮助企业家展现自身独特价值、提升影响力。本书从打造个人IP的核心逻辑入手，讲解了IP定位、内容为王、传播路径、IP深化、IP营销等内容，帮助企业家搭建个人IP的核心框架。然后，本书深入剖析了信息优化、媒体发稿、商业演讲、自媒体打造、粉丝运营、舆情管理等细节，帮助企业家运营、完善个人IP，不断提升个人IP的价值和影响力，从而挖掘更多商业价值。

无论是初涉个人IP领域的创业者、期望进一步提升个人IP影响力的企业家，还是对打造个人IP感兴趣的读者，都能从本书中获得丰富的知识和实用的技巧，从而打造独特的个人IP，实现个人商业价值最大化。

图书在版编目（CIP）数据

IP破圈 : 打造爆款个人品牌 / 黄斯狄著. -- 北京 : 清华大学出版社, 2025. 4.
(新时代·管理新思维). --ISBN 978-7-302-68681-1

Ⅰ. F713.365.2

中国国家版本馆 CIP 数据核字第 20258Z3V86 号

责任编辑：刘　洋
封面设计：徐　超
版式设计：方加青
责任校对：王荣静
责任印制：宋　林

出版发行：清华大学出版社
　　　　　网　　　址：https://www.tup.com.cn，https://www.wqxuetang.com
　　　　　地　　　址：北京清华大学学研大厦 A 座　　　　邮　　编：100084
　　　　　社 总 机：010-83470000　　　　　　　　　　　邮　　购：010-62786544
　　　　　投稿与读者服务：010-62776969，c-service@tup.tsinghua.edu.cn
　　　　　质 量 反 馈：010-62772015，zhiliang@tup.tsinghua.edu.cn
印 装 者：北京联兴盛业印刷股份有限公司
经　　　销：全国新华书店
开　　　本：170mm×240mm　　　印　　张：13.5　　　字　　数：210千字
版　　　次：2025 年 6 月第 1 版　　　印　　次：2025 年 6 月第 1 次印刷
定　　　价：69.00 元

产品编号：082203-01

前言 PREFACE

　　在这个数字化、信息化浪潮汹涌的时代，个人 IP 成为推动个人成长与成功的重要引擎。打造个人 IP 已不再是一个可选项，而是企业家在这个日新月异、竞争激烈的世界中脱颖而出、实现自我价值的必由之路。

　　我们所处的这个时代，信息如潮水般汹涌，交流变得前所未有地便捷，每一个角落都可能潜藏着机会。从社交媒体的瞬息万变到新闻资讯的实时更新，从在线教育资源的丰富多彩到线下活动的如火如荼，每一天，我们都被海量的信息所包围。在热闹且充满竞争的环境中，一个人若想脱颖而出、被他人认可，仅依靠传统的方式是不够的。

　　过去，一个人的职业、教育背景、社会关系等是衡量其影响力和价值的重要因素。然而，如今这种观念已经被彻底打破。互联网和社交媒体的普及，赋予了每个人发声的权利，让个人的才华、特色和魅力得以在更宽广的舞台上展现。

　　打造个人 IP，其实是对自己的价值进行深入挖掘，对自己树立清晰认知的过程。它需要企业家审视自身的兴趣、专长、价值观和独特经历，发掘那些能够使他们脱颖而出的特质。这并非自我吹嘘或虚假包装，而是真实、坦诚地展现自己最真实、最动人的一面。当企业家明确自己的定位和核心价值时，就如同在茫茫大海中找到了一盏明灯，明确了前行的方向。

本书围绕企业家打造个人 IP 展开，全面而深入地介绍了相关知识和策略。一方面，本书阐述了企业家个人 IP 打造的底层逻辑与核心策略，帮助企业家明白个人 IP 在当今时代的重要意义，确立个人 IP 的发展方向。企业家打造个人 IP 要以内容为王，以高质量的内容为载体传播 IP，同时聚焦目标受众的需求，优化传播流程，确保信息精准、高效传递。此外，企业家还要深化个人 IP 的内涵，做好 IP 营销，以强化受众对其个人 IP 的认知与印象。另一方面，本书还讲述了个人 IP 拓展与维护的一些细节，帮助企业家做好个人 IP 运营和管理。企业家要注重全网个人简介的优化，以塑造积极向上的公众形象。同时，企业家可以通过传统媒体发稿、商业演讲、打造自媒体品牌等途径吸引受众的关注，不断提升个人 IP 的知名度和影响力。

总之，本书从多个角度和层面为企业家提供了打造个人 IP 的系统方法和实用策略，涵盖了个人 IP 定位、内容创作、IP 传播、IP 营销、粉丝维护、舆情管理等方面，帮助企业家展现自我风采、提升个人影响力和价值。

在此，衷心感谢一路走来给予我支持和帮助的众多亲友！

感谢我的父亲黄菊华和母亲刘桃英的养育之恩，感谢妻子李慧的陪伴与支持，还有儿子黄子谦和黄子城给我带来的欢乐与动力。感谢干妈詹莉博士的关爱，以及在创业路上与我携手共进的搭档李公子、宋传杰、黄官、王慧和合伙人杨兵、汤秋生。

在徐州当教员时结识的好友武光老师及发小刘城义，感谢你们一路相伴。感谢老板耿春亚先生、领导刘念先生和王干先生的帮助与信任。

在探索医疗互联网之旅中，我要感谢长沙站百佳集团董事长苏金模先生、引路人徐奕聪先生，广州站苏志明先生和林秋华女士，北京站张春贤先生和王鸿雁女士。

是你们的存在成就了今天的我，我将永远铭记这份恩情，并带着它继续前行！

黄斯狄

目 录

CONTENTS

核心逻辑：打造个人 IP 的时代需求

在当今时代，对于企业家来说，打造个人 IP 势在必行。个人 IP 不仅是企业家个人价值的体现，而且是企业家提升影响力和竞争力的关键所在。通过个人 IP，企业家能准确传达自己的价值和主张，影响他人，赢得更多机会。因此，投资自己，打造个人 IP，是企业家提升个人竞争力的必由之路。

1.1 溢价倍增：个人 IP 引爆个人价值

个人 IP 具有强大的力量，能够引爆企业家的个人价值。企业家的个人 IP 可以提升受众对其的信任，因为它承载着企业家的承诺，展现企业家的坚定意志和责任感。企业家的个人 IP 还能作为强力背书，为企业的产品代言。企业家个人 IP 的影响力和吸引力可以显著提升产品溢价，为企业创造更高的价值。

▶ 1.1.1 提升信任：个人IP体现个人承诺

个人 IP 是企业家个人品牌形象、对受众作出的承诺和责任的体现。一个成功打造高信任度个人 IP 的企业家往往能够在竞争激烈的市场中脱颖而出，吸引大量的忠实粉丝和客户。

承诺是一种契约，是对他人的保证和责任担当。在打造个人 IP 时，企业家需要向外界传递自己的价值观、目标和行动方向，让受众了解自己的承诺，并通过实际行动来兑现这些承诺，从而赢得受众的信任。

以罗永浩为例，他在创立锤子科技时，向公众承诺要打造东半球最好的手机。尽管在创业过程中遇到了诸多困难和挑战，但罗永浩始终坚守自己的承诺，不断努力和尝试。虽然锤子科技最终的发展没有达到最初的预期，但罗永浩的个人承诺和为之付出的努力，依然为他赢得了一大批忠实的粉丝和支持者。即使在后来他转型进入直播带货领域，这份信任和支持也依然存在，助力他成功打造个人 IP。

案例 1-1 董明珠的个人 IP

2024 年 5 月 10 日，在第十届中国品牌经济（上海）论坛上，格力董事长董明珠接受媒体采访。她表示，做个人 IP 并不是因为想当网红，而是要以此给消费者一个承诺。诚然，从"铁娘子""霸道总裁"到"网红企业家"，董明珠成功打造出一个敢言敢为、雷厉风行的个人 IP 形象。在打造个人 IP 的过程中，董明珠利用多种渠道和平台，努力向大众传递自己的核心价值观与承诺，并以实际行动兑现承诺。

"格力空调是世界最好的空调，你一定要用！""企业要有使命感、责任感……为实现中国'制造强国'，我们大家共同努力。""低于国家标准就是不合格产品，就是违法产品！""消费者满意的，你就是好质量，你就是好品牌。"在中国智能制造全产业链应用大会、博鳌亚洲论坛、中国品牌强国盛典、"让世界爱上中国造"高峰论坛等公开场合中，董明珠多次提到"质量""中国制造"等字眼，将自己提升格力产品品质与技术水平的承诺传达给更多的人。

而在直播带货兴起后，董明珠紧跟潮流，通过"格力明珠精选"直播间宣传格力的一系列电器产品。除了明星品类空调，董明珠还力推除湿机、风扇、电饭煲等小家电及其他产品。

通过新媒体宣传模式，结合线下门店活动与权威媒体发布的通稿，格力产品的卓越性能与技术革新以更加直观而生动的方式触达公众，使他们对格力品牌的实力飞跃有了深切体会。这一系列举措证明了董明珠对其承诺的有力践行，进一步强化了其个人 IP 形象，并给格力的品牌形象带来了正面效应。

企业家如何在打造个人 IP 的过程中有效地体现个人承诺呢？其具体方法

如图 1-1 所示。

图 1-1　企业家打造个人 IP 的过程中体现个人承诺的方法

首先，企业家需要明确自己的核心价值观和承诺。这是个人 IP 的基础，也是与受众建立信任关系的起点。承诺必须是真诚、可行的，并且与企业的使命和愿景一致。例如，专注于环保产业的企业家可以承诺为解决环境污染问题、推动可持续发展作出贡献；致力于科技创新的企业家可以承诺不断研发创新产品，以提升人们的生活品质。

其次，企业家需要通过言行一致来兑现承诺。在经营管理过程中，无论是产品质量、服务水平的提升，还是社会责任的履行，企业家都要始终坚守承诺。只有将承诺转化为实际行动，才能彰显企业家的诚意和能力，赢得公众的信任与认可。

如果企业家承诺提供高品质的产品和服务，就需要在生产、研发、销售等各个环节严格把控质量，并不断优化服务体验；如果企业家承诺积极履行社会责任，就需要在环保、公益、员工福利等方面投入实际资源和精力。

最后，企业家还要善于利用各种渠道和平台，积极传播自己的承诺和实践成果。社交媒体、公开演讲、新闻采访、企业官网等都是企业家展示个人 IP 的重要窗口。通过分享企业的发展战略、创新成果、社会责任实践等内容，企业家可以让公众了解自己的承诺和为之付出的努力，从而加深公众对自己的信任和认同。

总之，在当今商业社会中，个人 IP 已经成为企业家不可或缺的资产。通过个人 IP 体现个人承诺，不仅能够提升公众对企业家的信任度、增强企业的竞争力，还能够为企业的长期发展注入强大的动力。因此，企业家应高度重视个人 IP 打造和管理，以真诚的承诺和实际行动赢得市场及社会公众的信任与支持，创造更加辉煌的商业成就。

▶ 1.1.2 强力背书：个人IP为产品代言

企业家个人 IP 拥有独特的魅力和深厚的粉丝基础，因此成为产品代言的不二之选。企业家不仅是产品的推广者，也是品牌故事的讲述者，以个人影响力为产品赋能，让产品在市场中熠熠生辉。企业家以个人 IP 为产品代言，不仅提升了产品的曝光度，还在无形中强化了大众对品牌的认知和信任，为产品大范围推广奠定坚实的基础。

1.精准定位目标市场

对企业而言，企业家个人 IP 对产品的助益远不止于销售环节。在绘制用户画像、明确市场定位等方面，企业家个人 IP 也能发挥关键作用，为精准营销奠定坚实基础。

一方面，经过长期运营个人 IP，企业家拥有大量具有相似兴趣、价值观和消费习惯的粉丝。企业家能够通过粉丝的数据，如年龄、性别、地域、偏好等，分析出目标市场的特征，实现精准定位。另一方面，企业家以个人 IP 为载体与粉丝建立深厚的情感，能够引导粉丝对特定产品或品牌产生情感共鸣。企业家可借助这种共鸣效应，将产品精准推荐给潜在用户，提高市场响应度。

此外，通过发布与产品相关的高质量内容，个人 IP 能够吸引并留住目标用户群体。企业可结合企业家个人 IP 的内容和发展方向，制定针对性的营销策略，实现内容的定向传播，精准触达目标市场。

2.创造独特卖点

企业家个人 IP 对创造产品的独特卖点具有深远影响。企业家的个人 IP 往往承载着独特的价值观、生活哲学或专业见解，这些元素能够与产品深度融合，赋予其独特的灵魂和个性。这种独特性不仅体现在产品的外观设计、功能特性上，还深入产品的文化内涵和情感价值中。

用户购买产品，不仅是在选择一件商品，还是在认同和追求一种生活方式或价值观念。因此，企业家个人 IP 的加持，让产品不仅是满足用户需求的工具，而且成为用户表达自我、追求梦想的媒介，从而使产品具备无可替代的市场竞争力。

3.提升市场接受度

通过长期的内容创作、与受众互动，企业家的个人 IP 在受众心中建立了深厚的信任基础。当企业家的个人 IP 为企业产品代言时，其个人信誉会转移到产品上，使用户自然地产生一种亲近感和信任感，进而拉近产品与用户的距离，使用户更愿意尝试和接受产品。

企业家个人 IP 的信誉背书弱化了用户对购买风险的感知，增强其作出购买决策的信心。因此，企业家个人 IP 的背书能够显著提升产品的市场接受度，加速产品的市场渗透和口碑传播。

以江苏众网互联网有限公司总经理吴锦明为例，作为无锡市非遗顾山"八大碗"传承人，同时也是创新打造江阴首家物流企业集成化服务平台的"60后"企业家，他有着较高的话题度。为拉近与年轻消费群体的距离，吴锦明开启个人 IP 打造之路，开设"小眼睛就是吴锦明"视频号。他亲自出镜，在视频中分享老板和员工的日常等内容，还穿插网络热词，展现企业活力。随着其个人 IP 影响力提升，越来越多的人因对他产生兴趣进而关注企业业务，产品的市场接受度大幅提升，企业收获更多合作机会。

4.促进口碑传播

个人 IP 的粉丝往往具有较高的忠诚度和传播意愿，如果他们对企业家个人 IP 代言的产品满意，就会主动通过微信、微博等社交媒体进行分享和推荐。这种口碑传播的成本较低且效果显著，能够迅速提升产品的知名度和影响力。

5.提升品牌形象

企业家个人 IP 所展现出的独特个性往往能赋予产品新的生命力和情感价值。借助企业家个人 IP 代言，企业产品能够超越其物理属性，成为具有文化内涵、能够引起用户情感共鸣的品牌符号。基于此，用户对产品的认同感和忠诚度会增加，进而促进产品销售、扩大市场份额、提升品牌形象。

综上所述，企业家个人 IP 对产品的推广和销售意义重大。其潜力与价值能够渗透至产品研发、推广、销售等多个环节，助力企业提升市场竞争力。

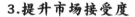 1.1.3　溢价公式：个人IP提升产品溢价

产品溢价即在正常竞争条件下，产品价格超出市场价格的部分。优质的企

业家个人 IP 能够提升产品价值与价格，这体现在以下三个方面。

1.独特的品牌形象与情感连接

企业家个人 IP 通常由特定的形象、故事和价值观组成。与之结合后，产品就不再仅是物理意义上的商品，也是某种情感和文化内涵的载体。而用户购买的不仅是产品本身，还是与之相关的情感体验和身份认同。这种独特的品牌形象和情感连接能够显著提升产品的价值，为其获得更高的定价提供支撑。

2.产品附加值与差异化竞争力

企业家个人 IP 可以给产品带来独特的附加值和差异化的竞争力。例如，刘永好是一位在农业领域赫赫有名的杰出企业家，他凭借诚信经营和脚踏实地的态度，为新希望这一品牌树立了良好的形象，从而赢得了社会各界的广泛赞誉和认可。新希望旗下的农产品，在市场上以卓越的品质和可追溯的来源深受消费者的青睐与喜爱。

以新希望集团的肉类产品为例，在当前消费者越来越重视食品安全和健康的大背景下，新希望凭借其领导人的良好声誉和 IP 形象，成功打造了差异化竞争优势。这不仅体现在产品质量和安全性上，还体现在产品的可追溯性上，从而使新希望的肉类产品在市场上脱颖而出，产品附加值也得以提升。

3.文化传播与认同

企业家个人 IP 往往与特定的文化紧密相连。产品与企业家个人 IP 相结合，能够共同传播文化。如果用户认为产品与自己的价值观、推崇的文化相契合，就会增强用户对产品、品牌的认同感和归属感，从而产生购买欲望，并愿意为产品支付更高的价格。

✐ 案例 1-2　维吉尔·阿布洛携手耐克

耐克曾与 Off-White 品牌创始人维吉尔·阿布洛联手打造知名的 THE TEN 系列产品——由维吉尔·阿布洛重新设计耐克的 10 款经典球鞋。

提到维吉尔·阿布洛，《纽约时报》时尚总监范妮莎·弗里德曼曾这样评价：在千禧一代（出生于 20 世纪但在 21 世纪才成年的人）用户心中，维吉尔·阿布洛可能继承了卡尔·拉格斐（有"老佛爷"之称的 Chanel 艺术总监）的衣钵，其形象、野心与影响力占据了同卡尔·拉格斐一样的思想或文化空间。

作为一位出生于非洲、成长于芝加哥的设计师，维吉尔·阿布洛深受芝加哥街头艺术的影响，其作品往往展现出对街头元素的思考。这种富有创意又略带尖锐的风格深受千禧一代的喜爱。而维吉尔·阿布洛本人也善于用社交媒体营销自己，其 Instagram 如同一本时尚杂志，深受 Z 世代（1995—2009 年出生的人）喜爱。

"草根"出身、精于设计与"千禧一代的拜物教领袖"共同组成了维吉尔·阿布洛的个人 IP。而在 THE TEN 系列中，维吉尔·阿布洛通过改变产品的颜色搭配、材质选择、图案设计等，将自己的设计理念、创意元素融入产品中，强化耐克"JUST DO IT"的品牌理念，突出产品中"人"的因素，加强其与用户之间的情感联系。

基于此，THE TEN 系列产品的价值得到了显著提升。这些产品在市场上供不应求，价格远高于普通耐克产品，并且持续升值。用户愿意为之买单，不仅看中了耐克产品本身的实用性，而且关注其背后的文化价值和情感寄托。

综上所述，企业家个人 IP 以其独特的价值影响产品的外观、特性与精神内核，进而提升产品的整体价值，为产品溢价提供合适的理由，是企业提升商业价值、丰富品牌形象的重要依托。

1.2　声誉提升：个人 IP 与企业品牌共生

企业家个人 IP 与企业品牌共生，两者相互依存、相互促进。企业家个人 IP 有助于提升企业声誉，为企业发展注入强大动力；而企业声誉反过来影响企业家个人声誉。

▶ 1.2.1　个人 IP 提升企业声誉

具备强大个人 IP 的企业家，能够凭借其独特的魅力和深远的影响力吸引人才、客户、合作伙伴和投资者，为企业的发展开辟更多道路，同时显著提升企业的声誉和品牌价值。

以杰夫·贝索斯为例，身为亚马逊公司的创始人，他凭借卓越的商业智慧和领导力，带领亚马逊由一家在线书店蜕变为全球最大的电子商务和科技巨头之一。贝索斯始终秉持创新、冒险和客户至上的理念，推动亚马逊在技术研发、业务拓展和客户服务方面不断突破，给消费者带来更为便捷、优质的购物体验。

在他的引领下，亚马逊不仅在商业上取得巨大成功，还赢得了全球消费者的信赖与赞誉。贝索斯的个人 IP 与亚马逊品牌紧密相连，他的创新精神和领导力成为企业声誉的重要支柱，吸引了众多优秀人才和合作伙伴加入，推动企业不断前行。

作为美团的创始人和 CEO（首席执行官），王兴凭借独到的商业眼光和坚韧不拔的创业精神，成功塑造了独特的个人 IP。他时常在公开场合发表对本地生活服务、科技与商业创新的独到见解，通过积极参加行业会议、接受媒体专访等，展现美团对行业发展的精准把握和前瞻性战略规划。

例如，王兴在社交媒体上积极发表对行业趋势的见解，在美团战略发布会上详细阐述公司的发展方向和宏伟目标，让公众对美团的愿景和使命有更加清晰的认识。王兴个人 IP 的广泛传播，极大地增强了消费者和合作伙伴对美团专业能力与巨大发展潜力的信心，从而显著提升了美团的企业声誉和品牌影响力。

案例 1-3　理查德·布兰森与他的维珍集团

手握 4 英镑白手起家，开坦克进入纽约时代广场，海湾战争时期飞到伊拉克解救人质，驾驶热气球飞过大西洋，71 岁实现太空旅行……作为维珍集团的创始人，理查德·布兰森的一生可谓波澜壮阔。在《致所有疯狂的家伙：维珍创始人理查德·布兰森自传》中，我们看到了一个大胆、冒险、不拘一格的企业家形象。

无论是外在形象还是内在性格，布兰森都与传统意义上的企业家大相径庭。从外形上看，布兰森留着一头披肩的金色长发，终日休闲打扮。从行为上看，布兰森领导的维珍集团每进入一个新领域，他都要用搞怪的风格"疯狂"宣传。

20 世纪 90 年代，维珍集团宣布进军饮料产业，推出维珍可乐、维珍果汁等一系列产品，而布兰森则前往美国，开着坦克进入纽约时代广场，碾碎了一地的可口可乐。在新项目"维珍新娘"宣传期间，他穿着婚纱站在纽约贝塔斯曼大厦顶上，让起重机将自己吊起，落到时代广场上。为了给维珍航空造势，布兰森穿着一件带翅膀的飞行服，在国际鸟人飞行大赛上飞了11 米……

在布兰森不遗余力的"折腾"中，一个"嬉皮士企业家"的个人 IP 形象深入人心，而这也为维珍集团的品牌形象打上了勇于创新、敢于挑战的烙印。多年以来，维珍集团逐步进军航空、铁路、电信、娱乐等多个领域，成为一个多元化的商业帝国。而布兰森的每一次"惊世"举动都给维珍带来了极高的曝光率，进一步深化了其品牌形象。

对于年轻消费者而言，维珍不仅是一个品牌，而且代表了一种生活的态度——叛逆、开放、浪漫与自由自在。布兰森的冒险精神与那些不愿循规蹈矩的年轻人极为契合，而其领导的维珍集团不断挖掘空白市场、填补价值需求，从而在年轻用户心中树立起"品牌领先者"的形象，不断增强用户黏性，实现品牌的可持续发展。

通过个人 IP 的放大效应，企业家的社会责任担当能够为企业声誉筑起坚固的防线。比尔·盖茨是微软公司的创始人，在引领微软成为全球软件巨头的同时，他积极投身慈善事业，创立了慈善基金会，致力于解决全球健康、教育和贫困等重大社会问题。盖茨的慈善之举，不仅展现了他作为企业家的社会责任感，而且使微软的声誉得到了极大的提升。消费者和社会公众对微软的认可不再局限于其优秀的产品和技术，还源于对盖茨个人的尊重与敬仰。这使得微软在公众心中树立起积极、负责的企业形象。

在当今全球化和数字化的商业环境中，企业家个人 IP 已成为提升企业声誉的重要力量。企业家应充分认识到个人 IP 的价值与作用，致力于塑造与强化个人 IP，为企业发展和声誉提升注入新的动力与活力。

▶ 1.2.2 企业声誉影响个人声誉

现如今，企业声誉已不再仅是品牌形象的简单映射，它就像一张无形的名片，深刻地影响每一位与之相关联的个体，尤其是企业的掌舵人——企业家。企业拥有卓越声誉，不仅能够为企业家个人 IP 增添信任的光环，还能在无形中放大企业正面形象，使其在行业内外的话语权和影响力得到显著提升。

企业声誉是企业在长期发展历程中，通过卓越的产品质量、高水平的服务及积极履行社会责任等多维度表现所累积的公众认知与评价，是企业宝贵的无形资产。企业声誉不仅是企业在激烈市场竞争中稳固立足的基石，还是企业赢得市场信任与认可的前提。对于企业家而言，置身于拥有良好声誉的企业之中，就如同站在巨人的肩膀上，能够充分利用企业声誉的光环有效提升自身的声誉与个人 IP 价值。

企业声誉与企业家个人 IP 之间存在强烈的品牌联想效应。当企业品牌被广泛认可，企业家本人会成为品牌精神的象征和代言人。这种品牌联想有助于企业家个人 IP 的多元化发展，使其不局限于企业内部的领导者角色，还能兼具行业意见领袖、社会公益倡导者等多重身份。

📝 案例 1-4 华为与任正非

作为全球领先的 ICT（Information and Communications Technology，信息与通信技术）基础设施及智能终端供应商，华为的品牌形象不仅体现于持续的技术创新和市场拓展，还体现于其对中国科技企业的示范作用。

一方面，华为打破了西方国家 5G（第五代移动通信技术）垄断的局面，利用 5G 技术对我国交通、光伏、海运、航天、采矿等关键行业进行产业升级；另一方面，华为自主研发的麒麟芯片使其在关键技术领域不再受制于人，对我国参与全球科技竞争有着重要的战略意义。2022 年，华为被央视授予"十大国之重器"的荣誉称号，与中粮集团、中国邮政、中国移动等老牌央企站在一起，确立其中国科技代表企业的地位。

作为华为的领军人物，任正非也逐渐从幕后走到台前，央视新闻、腾讯新闻、虎嗅网、百家号等知名网络媒体对其领导能力、管理理念与爱国情怀进行报道，其个人形象和事迹也为更多人知晓。

随着影响力越来越强，任正非在公开场合的发言也更具说服力。例如"不能说用华为产品就是爱国，不用就不爱国""真正的爱国，是强大自己""从最基础抓起，要尊师重教""建立高端人才储备库"等，这些话语被更多人认可。

同时，China Daily 发布任正非接受采访的帖文，评论区有不少外国网友对任正非的观点与企业家胸怀大加称赞，可见任正非个人 IP 影响力之强大。

综上所述，企业声誉能够对企业家个人 IP 产生多方面的深远影响。因此，在经营企业的同时，企业家也需要注重个人 IP 的塑造和维护，通过积极履行社会责任、展现领导魅力等方式，提升企业声誉和个人 IP 价值。

▶ 1.2.3 海尔：用锤子砸出来的声誉

在竞争激烈、品牌林立的家电市场中，海尔无疑是一颗璀璨的明星，散发出耀眼的光芒。而海尔的声誉，在一定程度上可以说是用一把锤子砸出来的。

20 世纪 80 年代，我国家电市场刚崛起，产品质量参差不齐。在这样的背景下，海尔诞生了。然而，海尔早期的发展并非一帆风顺，面临产品质量不过关的问题。在关键时刻，海尔的 CEO 张瑞敏作出了一个震惊业界和消费者的举动。

当时，张瑞敏收到一封用户的投诉信，反映海尔冰箱存在质量问题。张瑞敏高度重视，立即对库存的冰箱进行检查，结果发现居然有 76 台冰箱存在不同程度的缺陷。在那个物资相对匮乏、商品供不应求的年代，许多人认为这些有小缺陷的冰箱稍加修理还是可以卖出去的，毕竟对企业来说，这样能减少损失。

然而，张瑞敏却怀揣着截然相反的观点与坚定的决心。他坚信，如果让这些存在瑕疵的冰箱流入市场，不仅是对消费者的极度不负责任，也是对海尔品牌声誉的严重玷污。因此，他作出了一个震惊业界的决定：召集全体海尔员工，让他们目睹自己挥舞大锤将这 76 台冰箱逐一砸毁，以示决心。

那一声声沉重的锤击，仿佛敲在每一个海尔人的心坎上。这一砸，砸醒了海尔员工的质量意识，让他们深刻地认识到质量是企业的生命线，只有对质量精益求精，企业才能在市场中立足。这一砸，也砸出了海尔对消费者的承诺和责任，向市场传递海尔坚守品质的决心和信念。

从那以后，"质量至上"的准则深入海尔每一位员工的心中，成为企业文化和精神内核的重要组成部分。在产品研发、生产、检测中，海尔都秉持严苛的标准，力求确保每一个出厂的产品都能赢得消费者的满意与信赖。

"砸冰箱"事件之所以能在数年间被持续提及与传播，很大程度上得益于海尔自身的巧妙运用。海尔不仅借此事件认真反思、积极改进，还巧妙地以"砸"这一动作为象征，对其后续实施的一系列深刻变革与转型升级进行宣传。

例如，海尔官网的新闻资讯一栏就以《第三次落锤，海尔又砸出了一个新标签》为题，讲述其第二砸——打破科层制、砍掉 1 万多名中间层，使员工直接听命于市场和用户，而非上级；第三砸——撕掉"家电"标签，以"生态品牌"重回大众视野。

诚然，对于海尔乃至整个行业而言，这些变革都是积极且富有成效的。然而，不可忽视的是，海尔对于这一标志性事件的策略性利用，确实为其品牌形象的塑造与传播留下浓墨重彩的一笔。

随着海尔不断发展，创始人张瑞敏也为更多人所熟知，其个人 IP 虽未频繁出现在大众视野里，却极其多元。企业家、思想家、管理大师、公益人士……张瑞敏留给行业与大众的印象非常丰富。

张瑞敏提出的"人单合一"商业模式、"日事日毕，日清日高"的企业口号及"自以为非"的管理理念，通过《永恒的活火》《张瑞敏谈商录》《海尔是海》《张瑞敏：自以为非》等作品，以及海尔多年以来的发展体现出来。而后有更多人发现，哈佛商学院案例库收录了张瑞敏提出的"海尔文化激活休克鱼"理念，他也因此成为第一位登上哈佛大学讲坛的中国企业家。

通过海尔与张瑞敏的经历不难看出，是张瑞敏的踏实、坚韧、执着与前瞻视野，将海尔从"悬崖"边上拉了回来，使海尔在 20 世纪 90 年代得以用技术与质量占领市场，而不必陷入打价格战的死循环中。在我国加入 WTO（世界贸易组织）之际，海尔更是在张瑞敏的带领下积极拓展美国、意大利等海外市场，提升企业的国际影响力。

与此同时，海尔的迅猛发展也让公众注意到这位名气不大的实干家，其个人经历、管理理念也进入公众视野，随海尔的不断革新而塑造出一个名为"张瑞敏"的多元化个人 IP。

在张瑞敏的百度词条中，我们能看到，他是《财富》杂志评出的"2016年中国最具影响力的 50 位商界领袖"之一、"2017 年全球最伟大的 50 位领袖"之一、第 86 届耶鲁 CEO 峰会"传奇领袖奖"获得者。种种成就再一次印证了张瑞敏杰出的领导能力，这也丰富了其个人 IP，进而提升海尔的品牌影响力。

1.3 凝聚客户：个人 IP 引爆圈层

凝聚客户是企业持续发展的重要驱动力。在如今的社会中，企业家个人 IP 的力量越发强大，成为其跨越圈层的重要桥梁。企业家构建鲜明且独特的个人 IP，能够有效锁定并吸引目标客户群体，从而深化彼此的情感联系。企业家可以通过展示其独特的价值主张、个人魅力，在特定圈层中引发广泛的关注和共鸣，进而实现客户的凝聚。

▶ 1.3.1 个人IP凝聚高价值圈层客户

个人 IP 是企业家个人独特形象、价值观、专业能力与魅力的综合体现。企业家成功打造出具有强大吸引力的个人 IP，就能吸引那些与自己理念契合、需求相符的高价值圈层客户。

例如，马化腾以其低调而务实的作风及在科技领域的深厚底蕴，引领腾讯在社交、游戏、金融、科技等多个领域取得卓越的成就。腾讯在理财通中推出高端理财服务，成功吸引了众多追求资产增值和高品质金融服务的高净值客户。马化腾的个人形象与腾讯的品牌声誉，共同构建了客户对腾讯稳定、可靠、创新的金融解决方案的信任基础。

又如护肤品牌"溪木源"的创始人刘世超，他一直秉持为消费者提供安全、有效、天然护肤品的理念。通过公开演讲、媒体采访及社交媒体等渠道，刘世超不断传播自己对护肤的专业见解和对产品品质的执着追求。在这个过程中，他塑造出专业、专注且具有创新精神的个人 IP 形象，吸引了一大批关注肌肤健康、追求高品质护肤体验的消费者，形成了一个追求天然护肤理念的高价值客户圈层。

很多案例都表明，企业家个人 IP 在企业发展中发挥着举足轻重的作用。它不仅是企业家个人魅力的展现，而且是连接目标客户群体、推动商业成功的重要桥梁。

那么，企业家如何才能成功打造个人 IP 以凝聚高价值圈层客户呢？其具体方法如图 1-2 所示。

1	2	3	4
拥有明确的自我认知	注重内容输出与价值传递	积极参与社交活动和行业交流	秉持持续学习和自我提升的理念

图 1-2　企业家通过个人 IP 凝聚高价值圈层客户的措施

首先，企业家应拥有明确的自我认知。

企业家需要深入了解自身的优势、劣势、兴趣、价值观，以及独特的经历和故事，从而在市场中找到自己的准确定位和差异化竞争点。如果企业家在技术研发方面具有深厚的背景和独到的见解，可以定位为"技术专家型"企业家。如果企业家擅长创新、创业，则可以塑造"创新引领者"的鲜明形象。明确的自我认知和定位，有助于企业家在激烈的市场竞争中脱颖而出。

其次，企业家应注重内容输出与价值传递。

企业家应利用多元化的渠道，如社交媒体、博客、演讲活动、直播等，分享自身的专业知识、独到的行业见解、丰富的创业经验及深刻的人生哲学。这些精心挑选的内容不仅彰显了企业家的专业能力与智慧，还能够传递其核心价值观与理念，从而吸引那些与其价值观相契合的潜在客户。例如，深耕环保领域的企业家可以分享环保技术的最新动态、倡导环保生活方式等，从而吸引对环保事业怀有热情、关注可持续发展的高价值客户群体。

再次，企业家积极参与社交活动和行业交流，是打造个人IP的关键。

企业家应踊跃参加各类行业会议、活动、沙龙等，与业界同行、资深专家和潜在客户展开面对面的深度交流。在这些汇聚智慧的场合中，企业家可以充分展现自身的人格魅力、卓越的沟通能力和扎实的专业基础，从而不断扩大人脉网络，提升个人影响力。

通过与高价值客户建立直接而紧密的联系，企业家能够更深入地了解他们的需求和期望，进而不断优化企业的产品和服务，增强客户的黏性。这不仅有助于企业家打造个人IP，也为企业的长期发展奠定了坚实基础。

最后，企业家应秉持持续学习和自我提升的理念。

面对市场环境的日新月异和行业发展的不断演进，企业家应不断更新自己的知识体系、强化专业能力、提升综合素质，从而适应新挑战、把握新机遇。只有那些始终追求进步与成长的企业家，才能持续为客户创造价值，并保持其个人IP的吸引力和影响力。

总之，在竞争激烈的市场中，企业家打造强大的个人IP是凝聚高价值圈层客户、推动企业可持续发展的重要战略选择。拥有独特、有吸引力个人IP的企业家，能够吸引那些与自己志同道合的高价值客户，共同创造美好的未来。

▶ 1.3.2　长期转化：私域流量转化倍增

如今，企业竞争的焦点已经由传统的产品、服务转变为企业品牌和影响力。而企业家个人IP是企业品牌建设的核心要素，是企业品牌的重要组成部分。企业家精心打造独特的个人IP，并将其有效转化为私域流量池的增长引擎，成为企业持续发展的关键。

私域流量池，即企业或个人自主掌控，可自由调配、免费并多次利用的流量资源，涵盖微信公众号、微信群、小程序、App等多种形式。对于企业家而言，构建私域流量池不仅有助于深化个人IP的影响力，还能将品牌影响力转化为实际商业价值。

📝 案例 1-5　老乡鸡与束从轩

提到束从轩，很多人首先想起的是他"手撕员工联名信"。2020 年，老乡鸡与众多企业一样面临经营困境，保守估计损失至少 5 亿元。于是，老乡鸡员工自发向董事长束从轩请愿，表示不要工资。

然而在一段视频中，束从轩当场撕毁了这张满是红手印和签名的请愿书，并表示哪怕卖房、卖车，也会千方百计地保证员工有饭吃、有班上。这一视频引发网络热议，但毫无疑问地塑造出一个真诚、心系员工的"硬核老板"形象。

与束从轩个人 IP 相辅相成的是老乡鸡"乡土味"十足的品牌形象。老乡鸡抓住了当代消费者（特别是年轻消费者）猎奇、佛系的心理，通过"二零二零老乡鸡战略发布会"深化其接地气的品牌形象，通过"咯咯哒"叫早服务（每天在微博上发一条长短不一的"咯咯哒"文案）与渴望"摸鱼"的年轻用户同频共振。种种"放飞自我"的营销策略缩短了品牌与年轻用户的距离。

束从轩在老乡鸡视频号发布的视频中频频亮相，进一步拉近品牌与用户的距离。在老乡鸡 20 周年活动——"请大家免费吃饭"期间，束从轩通过老乡鸡视频号回应网友关于"天下没有免费的午餐"的质疑，增强用户信任感。活动当天，束从轩则在店里亲自端盘子、询问顾客意见，进一步提升用户对企业的好感，塑造与传播企业良好的社会形象。

在束从轩个人 IP 与企业 IP 的双重作用下，老乡鸡成功吸引了大批用户前往线下门店，而线下门店均设有小程序会员福利、企业微信等，吸引用户扫码、加入会员，进而引流至私域流量池。

与此同时，老乡鸡视频号与公众号联动。用户被土味十足、诚意满满的视频内容吸引，进而关注公众号，而公众号的点餐 & 领券板块、发布的文章能够将用户引流至会员体系，私域流量池得以进一步扩张。用户在私域中积极互动、频繁消费，给企业带来了显著的转化和持续的收益增长。

"完美日记"的创始人黄锦峰凭借对美妆的专业见解和对品牌理念的深刻诠释，打造了独特的个人 IP。黄锦峰一直秉持"美不设限"的品牌理念，倡导

每个人勇敢追求美丽、展现真我风采。其个人 IP 与品牌价值观紧密结合，成功吸引了大量追求个性、热爱美妆的年轻消费者进入"完美日记"的私域流量池。

在私域中，消费者基于对黄锦峰个人理念的认同和对品牌的喜爱，成为品牌的忠实拥趸，不仅频繁购买产品，还主动对品牌进行口碑传播，推动"完美日记"在短时间内实现了销量的迅猛增长和品牌的迅速崛起。

这些企业家之所以能在商业领域取得成功，是因为他们精心打造个人 IP 并注重私域流量转化。他们塑造鲜明、独特的个人形象，以此吸引目标客户群体进入私域流量池。而一旦目标客户进入，他们便通过持续的价值传递和深入互动，将这些潜在的流量有效地转化为真实的客户和持续的业务增长。

个人 IP 之所以能实现私域流量转化倍增，主要得益于其强大的信任构建能力和内容生产能力。一旦消费者对企业家的个人品质、价值观和专业能力产生认同与信任，这种信任便会自然迁移至其企业和产品，进而降低消费决策成本，显著提升转化效率。

企业家可以通过分享专业知识、经验、创业故事、行业见解等高质量内容为消费者创造价值，并加深他们对企业和品牌的认知与好感，进一步提升转化率。此外，企业家个人 IP 还能有效激发消费者的情感共鸣。当消费者在情感层面与企业家或品牌产生强烈共鸣时，他们的购买意愿将大幅增强，更容易成为品牌的忠实拥趸。

企业家个人 IP 与私域流量池的构建成为推动企业成长的重要因素。企业家应致力于提升个人 IP 的影响力，深入挖掘私域流量的潜在价值，并运用创新的营销策略，实现流量的高效转化，进而推动企业实现稳定而持久的发展。

第 2 章

IP 定位：
瞄准优势赛道

在进行 IP 定位时，企业家应深入剖析自身的专业技能、积累的行业经验，以及当前市场的动态趋势，以明确自身在商业战场中的独特定位。这一过程不仅关乎自我认知，也是对市场环境的敏锐洞察。通过这一过程，企业家能清晰识别出自己最擅长的业务领域，即那些能够彰显其独特价值、助其脱颖而出的优势赛道。一旦锁定赛道，企业家便能更加聚焦地投入资源，高效吸引目标客户群体，逐步建立起品牌信誉，最终在激烈的市场角逐中占据有利位置。

2.1 瞄准细分领域，打造核心优势

为了在市场中独树一帜，企业家应找到自己擅长的细分领域。这不是对自身优势的简单梳理，而是在浩瀚的商海中找到那片属于自己的蓝海。企业家需深入挖掘并强化自身的专业技能与实战经验，同时紧密围绕用户需求这一核心，持续迭代升级自身的产品或服务。在此基础上，企业家应精心打造独特的品牌形象，通过差异化策略，在众多竞争对手中脱颖而出，成为细分领域的佼佼者。

▶ 2.1.1 分析自身优势，找到优势位置

深入分析并把握自身优势，是企业家深化自我认知、进行精准定位的关键。企业家需清晰认识到自身的专业技能、丰富的经验、独特的性格特质、人

脉资源及别具一格的思维方式等核心优势，以便在激烈的市场竞争中找到稳固的立足点，打造独具魅力的个人 IP。

案例 2-1　巴菲特何以为"股神"

沃伦·巴菲特凭借自身对价值投资的独到见解和精准判断，在投资界独树一帜，被大众称为"股神"。而纵观巴菲特的人生历程不难看出，他的成功源于他对自身优势的极致发挥。

在孩童时期，巴菲特就对数字、钱币等事物展现出极大的兴趣，5 岁时便做起了人生的第一笔生意——向邻居推销爷爷家的口香糖。此后几年，巴菲特卖过汽水、爆米花，送过报纸，逐渐有了些许积蓄。11 岁那年，巴菲特第一次买了 3 只股票，虽然没赔，但也只赚了 5 美元。这次不算成功的投资使巴菲特获得了三条宝贵的经验。

（1）比股票买入成本更重要的是它的成长空间。

（2）比蝇头小利更重要的是长期收益。

（3）自己投资失误可能会让他人烦恼或不安。

12 岁之后，巴菲特一家搬去华盛顿。在首都，巴菲特当过球童、推销过杂志、买过农场，后来发展到与同学开游戏机公司、买一辆破旧的劳斯莱斯再租出去……巴菲特的投资经验越来越丰富。

16 岁时，巴菲特被哥伦比亚大学商学院录取，拜入大学教授、"证券分析之父"本杰明·格雷厄姆门下，学到了其终生秉持的理念——价值投资。毕业之后，巴菲特在父亲的公司做了三年经纪人，而后进入格雷厄姆的公司工作，而他的投资才华在这家公司发挥得淋漓尽致。

与其他坐办公室的员工不同，巴菲特会对自己认为有价值的公司进行详尽的实地调查，进而判断该公司的真实股价。凭借这一能力，巴菲特的投资眼光逐渐超过了格雷厄姆，在股票投资领域赚得盆满钵满。

29 岁时，巴菲特遇到了他一生的知己——查理·芒格。身为律师的芒格拥有极为广阔的人脉与强大的思想力量，他帮助巴菲特拓宽视野，使巴菲特在投资事业上接连成功。

多年以来，凭借自己在投资分析领域的天赋与积攒下来的优势，巴菲特以卓越的洞察力与超凡的耐心洞察企业的内在价值，捕捉市场中被低估的优质企业并进行投资，进而成功建造了自己的投资王国。他的个人 IP 影响力深远，深深根植于投资者心中，成为价值投资的代名词。

"以铜为镜，可以正衣冠；以古为镜，可以知兴替；以人为镜，可以明得失。"历史的长河奔流不息，无数实例印证了这一古训的深邃智慧。回溯历史，商鞅深谙自己的改革之才与法治理念，毅然投身于秦国的革新图强之中。他精准地把握了自身的优势，通过一系列变法措施使秦国日益强盛，为后续的统一六国奠定了坚实的基础。

在近代，亨利·福特深知自己在机械制造与生产管理上的天赋，致力于汽车的大规模生产，开创了流水线生产模式，使汽车普及千家万户，福特汽车也因此享誉全球。

"知人者智，自知者明。胜人者有力，自胜者强。"老子的这句箴言在企业家明确自身 IP 定位的过程中具有指导意义。企业家只有清晰地认识自己，明确自身的优势所在，才能在激烈的市场竞争中选择正确的发展道路与战略定位。然而，知易行难，在现实的商业环境中，不少企业家确立了错误的个人 IP 定位，未能充分发挥自身独特的优势。

有的企业家盲目追逐潮流，看到某个领域火热，便不顾自身资源与优势草率涉足，结果往往以失败告终。这种行为如同邯郸学步，不仅未能吸收他人的精华，反而失去了自身的优势。

还有一些企业家虽认识到自身的优势，但在经营企业的过程中无法持之以恒地专注于优势领域，分散资源涉足过多不相关领域，导致优势无法充分发挥，最终在市场中逐渐失去竞争力。

那么，企业家应如何精确剖析自身优势，找到最佳定位呢？其具体方法如图 2-1 所示。

首先，企业家需要深入地进行自我反思与市场调研。企业家可以回顾自己的成长历程、教育背景、工作经验、兴趣爱好等，挖掘自身在知识、技能、性格、人脉等方面的独特之处。同时，企业家还要紧跟市场动态和行业趋势，了

1	深入地进行自我反思与市场调研
2	善于倾听他人的意见和建议
3	需保持学习与创新的热情

图 2-1　企业家分析自身优势的具体举措

解市场需求与竞争态势，从中寻找自身优势与市场机会的交会点。

其次，企业家应善于倾听他人的意见和建议。正所谓"当局者迷，旁观者清"，同事、合作伙伴、客户等往往能从不同的视角洞察企业家的优势与不足。通过与他们的交流与沟通，企业家能够获得更全面、客观的自我认知，为 IP 定位提供宝贵的参考。

最后，企业家需保持学习与创新的热情。市场环境日新月异，企业家的优势也需与时俱进。企业家应不断学习新知识、新技能，提升自身综合素质，发掘和培育新的优势。同时，企业家要敢于创新，突破传统思维的束缚，在优势领域不断深入探索，以保持竞争优势。

"千淘万漉虽辛苦，吹尽狂沙始到金。"在这个机遇与挑战并存的时代，企业家只有深入分析自身优势，找准定位，才能明确前进的方向，驾驭企业之舟破浪前行，驶向成功的彼岸。

▶ 2.1.2　专业性：超越竞争对手

《庄子·养生主》中"庖丁解牛"的故事是对专业性的生动诠释。庖丁因对牛体结构了如指掌，宰牛时"手之所触，肩之所倚，足之所履，膝之所踦，砉然向然，奏刀騞然，莫不中音"。同理，企业家要想在市场竞争中立足，就需要具备深厚的专业知识。

专业性是企业家与用户建立长期信任关系的重要支柱，也是企业家个人 IP 得以长期发展的基石，如图 2-2 所示。

1.专业性是个人IP的核心竞争力

专业性是指在某一领域具有深厚的知识、丰富的经验和卓越的技能，能够为客户或受众提供高质量的产品或服务。企业家的专业性体现在其对行业趋势

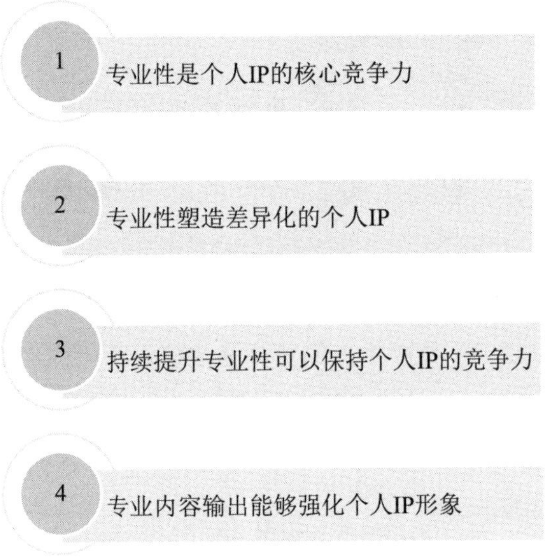

图 2-2　专业性对明确个人 IP 定位的作用

的敏锐洞察、对企业战略的精准把握、对产品研发的创新能力及对市场拓展的高效执行等方面。

例如，企业家张勇凭借对火锅行业的深入了解，成功打造了"海底捞"这一知名品牌。张勇在食材采购、菜品研发、服务流程优化等方面展现出极高的专业性，使得海底捞以优质的服务和独特的餐饮体验在竞争激烈的餐饮市场中脱颖而出，成为行业领军企业。

2.专业性塑造差异化的个人IP

在市场竞争中，同质化的产品和服务很难吸引消费者的关注与青睐。同样，如果企业家的个人 IP 没有独特的差异化定位，就很难被受众记住进而脱颖而出。通过突出专业性，企业家可以为个人 IP 塑造独特的价值主张和形象，与竞争对手的 IP 形成鲜明的区隔。

以汽车行业为例，李想是理想汽车的创始人，专注于新能源汽车研发和创新。他凭借对新能源汽车技术的深入研究和专业理解，打造了具有独特产品定位和技术优势的理想汽车。李想通过不断强调自己在新能源汽车领域的专业性和创新精神，成功塑造了差异化的个人 IP，使理想汽车在众多汽车品牌中迅速崛起，赢得了市场份额和消费者的认可。

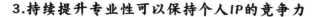

3.持续提升专业性可以保持个人IP的竞争力

市场环境和消费者需求在不断变化，竞争对手也在不断进步和发展。为了使个人 IP 保持竞争力，企业家需要持续提升自己的专业性，不断学习和掌握新的知识、技能和理念，以适应市场变化。

例如，字节跳动创始人张一鸣始终保持对互联网技术和行业发展的高度关注与学习热情。他不断提升自己在算法、内容推荐、产品创新等方面的专业性，带领字节跳动不断推出具有创新性和竞争力的产品，如抖音、今日头条等，使字节跳动成为全球最具价值的初创公司之一。

4.专业内容输出能够强化个人IP形象

在社交媒体时代，内容输出是打造个人 IP 的重要手段。企业家可以通过撰写专业文章、发布行业报告、举办线上线下讲座等方式，向受众传递自己的专业见解和价值观念，强化个人 IP 的专业性形象。

例如，高途集团创始人陈向东通过在社交媒体上分享自己对教育行业的洞察和思考，发布教育领域的研究报告和课程内容，吸引了大量教育从业者和学生家长的关注与认可，成功打造了自己在教育领域的专业 IP 形象。

总之，在明确个人 IP 定位的过程中，企业家应体现自身的专业性，以超越竞争对手。通过不断提升自身的专业素养和能力，塑造差异化的专业形象，持续输出专业内容，企业家能够打造出具有强大影响力和竞争力的个人 IP。

▶ 2.1.3　更聚焦：聚焦用户需求

在商业世界中，用户需求始终是企业发展的核心驱动力。对于企业家而言，进行个人 IP 定位同样需要聚焦用户需求。

贾国龙是西贝莜面村的领军人物，其在进行个人 IP 定位时，精准捕捉用户需求变化。随着生活品质的提升和健康意识的觉醒，消费者对餐饮的追求已超越口腹之欲，转而关注食材的品质、菜品的营养搭配及用餐环境的舒适度。

贾国龙敏锐地洞察到这一趋势，将个人 IP 与用户需求紧密结合。他积极参与产品研发和品牌推广，向消费者传递西贝致力于提供"好吃、健康、有品质"的美食的坚定信念。在贾国龙个人 IP 的引领下，西贝莜面村成功树立了健康美食的品牌形象，赢得了消费者的广泛认可和喜爱。

在互联网教育领域，陈向东同样将用户需求视为个人 IP 定位的核心。面对在线教育市场的激烈竞争，学生和家长对优质教育资源、个性化教学服务及高效学习方法的需求日益强烈。陈向东凭借丰富的教育经验和专业知识，通过在线直播、教育讲座和社交媒体互动等形式，为学生提供学习建议、教育规划指导等服务。陈向东的个人 IP 不仅吸引了大量用户流量，还增加了用户对品牌的信任和忠诚度，使高途在众多在线教育平台中脱颖而出。

企业家聚焦用户需求进行个人 IP 定位，对增强企业的核心竞争力具有重要意义。在产品和服务日益同质化的市场环境下，一个以用户需求为导向的企业家个人 IP 能够给企业带来独特的竞争优势。当企业家的个人 IP 与用户需求高度契合时，用户不仅会对产品和服务产生认同感，还会对企业家本人产生情感共鸣和信任，从而形成强大的品牌忠诚度。

以安踏集团 CEO 丁世忠为例，他始终以满足消费者对运动装备的专业需求为目标，致力于推动我国体育事业的发展。他不断加大研发投入，提升产品的科技含量和品质。通过积极参与体育赛事和公益活动，丁世忠塑造了"专注运动、追求品质、支持体育事业"的个人 IP 形象。这使得安踏在与国际品牌的竞争中逐渐崭露头角，成为我国运动服饰行业的领军品牌。

聚焦用户需求进行个人 IP 定位，还有助于推动企业创新发展。用户需求是企业创新的源泉，企业家将个人 IP 定位与用户需求紧密结合，能够更敏锐地捕捉到市场变化和用户痛点，从而激发创新的灵感和动力。

聚焦用户需求进行个人 IP 定位需要企业家具备敏锐的市场洞察力、深厚的用户同理心及勇于创新的精神。他们需要深入市场一线，与用户进行面对面的交流和沟通，了解用户的真实需求和反馈。同时，他们需要不断学习和借鉴先进的理念与技术，持续优化产品和服务；敢于打破传统思维的束缚，积极探索新的商业模式和发展路径。

聚焦用户需求进行个人 IP 定位，是企业家顺应时代发展大势的明智之举。随着经济的迅猛增长和科技的不断革新，市场的天平已悄然向消费者倾斜，生产者逐渐让位于消费者。消费者的需求越发多样且个性化，他们对产品和服务的品质、体验、情感价值等方面均提出了更高的标准。因此，为了在竞争激烈的市场中独树一帜，企业家需深刻洞察用户需求，精准地将个人 IP 定位与用户需求相结合，以赢得用户的青睐与信赖。

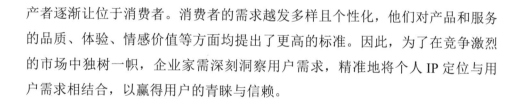

2.2　用标签强化差异性

企业家可以用标签来强化自身与竞争对手的差异性。个性化标签能够充分展示企业家的特性，凸显其独特魅力；头部化标签则有助于企业家成为业内第一。

▶ 2.2.1　个性化标签：展示自身特性

德国哲学家莱布尼茨曾言："世界上没有两片完全相同的树叶。"同理，每个人都是独一无二的存在，在商业领域，每个企业家都有独特性，都有自己的个性化标签。

个性化标签是企业家独特价值、理念和风格的体现，不仅彰显了企业家的个人风采，而且深远地影响企业的前行方向和文化底蕴。

宗庆后是一位实干派企业家，拥有很多标签，如"唯实者""奋斗者"等。他凭借坚韧不拔的毅力，从零开始一手打造了饮料界的巨头——娃哈哈。他每天工作 10 小时以上，一年中有 200 多天奔波在市场一线，深入洞察消费者的需求，紧密把握市场的脉搏。正是这份矢志不渝的实干精神，使得娃哈哈在竞争激烈的饮料市场中屹立不倒，成为备受国民喜爱的民族品牌。

📝 案例 2-2　"红衣教主"周鸿祎

在打造个性化个人 IP 这方面，360 创始人、"红衣教主"周鸿祎也不遑多让。他直言要打造个人 IP，并喊出"抖音粉丝 1 000 万"的目标。2024 年 4 月 18 日，周鸿祎在微博发布"红衣卖车征集令"，表示要卖掉自己的迈巴赫 S600，换成国产新能源车，请网友推荐品牌。

微博发出后不久，极越汽车 CEO 夏一平、吉利副总裁杨学良、哪吒汽车 CEO 张勇纷纷来到评论区"毛遂自荐"，而奔驰、蔚来、理想、小鹏等汽车品牌更是将旗下轿车开到 360 楼下，进而引发了"360 小车展"这一热门话题。

在 4 月 25 日的北京车展上，周鸿祎爬上东风旗下越野车"猛士 917"的车顶，身穿红衣端坐其上，偶尔与现场观众打招呼，被大众戏称为"北京车展史上最老的车模"，其凭一己之力再度引发话题。

在此之后，周鸿祎又通过直播试驾小鹏飞行汽车、体验广汽埃安旗下产品昊铂 HT 被夹手、参加综艺节目《快乐向前冲》等事件，不断制造话题。通过种种行为，周鸿祎成功塑造出一个敢于挑战权威、直来直去、略带彪悍的个人 IP 形象，与其他企业家区分开来。

比亚迪创始人王传福被誉为"技术狂人"，这一标签展现了他对技术创新的执着追求和深厚的技术背景。自 1995 年创立比亚迪，从充电电池制造起步，他就展现出对技术的执着与狂热。

进军汽车行业后，王传福坚定地认为新能源是汽车行业的未来，即便面临诸多质疑，仍投入大量资源研发。多年来，比亚迪在他的带领下，攻克磷酸铁锂、刀片电池等关键技术，自研 IGBT 芯片打破国外垄断。从 DM 混动技术到易四方技术平台，每一次技术革新都源自王传福对技术创新的不懈追求，让比亚迪成为全球新能源汽车领域的领军者。

企业家鲜明的个性化标签能够展现其独特的个人魅力和领导风格，为打造差异化个人 IP 注入了强大的动力。

▶ 2.2.2 头部化标签：争做业内第一

"会当凌绝顶，一览众山小。"杜甫的这句传世佳句精准地勾勒出攀登至顶峰、俯瞰群山的壮阔景象。在商业的广袤天地里，众多企业家也怀揣这样的豪情壮志，矢志不渝地追求成为行业头部，力图独占鳌头，书写属于自己的辉煌商业篇章。

所谓头部，一是做到人无我有，成为未知领域的先驱；二是做到人有我优，始终领先同行。无论选择哪条赛道，集中一点、登峰造极都是塑造并巩固头部化标签的核心要义。

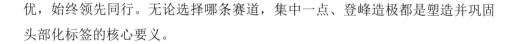 案例 2-3　元祖级个人 IP：香奈儿

在人无我有方面，香奈儿的创始人 Gabrielle Bonheur Chanel（为与品牌名区分开，以下用其艺名 Coco 代称）可谓元祖级的个人 IP。20 世纪初期，Coco 在巴黎开设时装店，设计并售卖女式帽子、裙装等。彼时的欧洲女性，特别是贵族女性，仍以花样繁复的帽子、高耸的衣领、束身的上衣与宽大的裙子为主流穿搭，以此突出"曲线美"并展示家族的财富和地位。

在这样的风潮中，Coco 以简洁、大方的设计风格开辟出一条新赛道，她设计的窄边草帽、针织水手裙与樽领套衣等服饰，将女性从封建礼教的束缚中解放出来。Coco 的经典设计——直筒小黑裙，不仅简单舒适，而且大胆采用了在当时象征死亡与恐惧的黑色，赋予其新的意义。

此后，越来越多的品牌受香奈儿启发，推出小黑裙。例如，纪梵希为奥黛丽·赫本设计的经典小黑裙、范思哲的"别针裙"、设计师 Christina Stambolian 为戴安娜王妃设计的黑色丝绸礼服等。不仅如此，Coco 还从男装中汲取灵感，将西装褛融入女装，设计出第一套女士西装的雏形，并推出宽大的女士休闲裤，进一步解放女性。

Coco 的设计是她勇闯时尚"无人区"最好的证明，这种"离经叛道"的风格，在 Coco 的坚持下成为自由与解放的象征。她的差异化设计风格并非为了制造噱头，而是在洞悉当时的市场环境与用户需求后得出的结论——紧身的上衣威胁到女性的身体健康，而宽大的裙摆与当时的社会环境使她们行动困难，她们也很少参与体育竞技。

最终，敏锐的市场洞察力与前瞻性眼光使她成为时尚界的领军人物，启蒙了后世的许多品牌。如今，人们提到香奈儿，脑海中想到的不仅是双 C 品牌 Logo 与山茶花标志，还有一个优雅、干练又时尚的先锋女性形象。

对于企业家而言，寻找"人无我有"的领域并尝试成为该领域的先驱，能

够为个人 IP 贴上头部化标签。如果选择这条赛道，企业家需要注意以下两点。

第一，企业家需要具备较强的市场洞察力与前瞻性思维，能够预见未来市场的需求和趋势。企业家可以通过 PEST（politics、economy、society、technology，政治、经济、社会、科技）分析法或 SWOT（strengths、weaknesses、opportunities、threats，优势、劣势、机会、威胁）分析法，结合行业报告、用户行为等因素，识别出尚未被满足的市场需求或潜在的市场空白。

同时，"人无我有"的领域也不一定是全新的领域，极有可能是两个或多个现有领域的跨界融合。企业家可以思考如何将不同领域的知识、技术或资源进行整合创新，创造出全新的产品、服务或价值主张。

第二，在探索未知领域时，企业家不必一开始就追求完美，可以采取"小步快跑"的策略，先推出 MVP（Minimum Viable Product，最小可行产品）进行测试和验证，再根据市场反馈进行快速迭代和优化。在未知领域，创新是保持领先地位的关键。企业家需要保持对新技术与趋势的敏感度，通过不断推出新产品、新服务或新模式，巩固自己的市场地位并扩大影响力，强化个人 IP 的头部化标签。

而在"人有我优"领域，想要塑造适合自己的头部化标签，企业家可以从蜜雪冰城的"冰鲜柠檬水"中汲取灵感。

案例 2-4 "冰鲜柠檬水"中的个人 IP 灵感

作为蜜雪冰城乃至整个茶饮行业的"超级单品"，这款单价 4 元的冰鲜柠檬水一年能卖出 10 亿杯。创造如此巨大的商业价值，得益于蜜雪冰城对标准化操作的升级与对产业链的重塑。

一方面，这款柠檬水的原材料、配方并不稀奇，能够成为"超级单品"，关键在于万店如一的品质。在柠檬的选择上，蜜雪冰城在几乎试遍全球所有品种之后，选择了尤力克柠檬作为原材料，并确定该品种的选用标准——单果重量为 115 ~ 230 克，出汁率不低于 28%，柠檬糖度不低于 7。

在柠檬水的制作上，蜜雪冰城设置了一套极致 SOP（Standard Operating Procedure，作业标准书），明确规定了柠檬的处理标准、捣压次数等，流程清

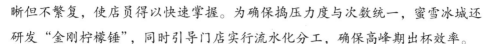

晰但不繁复，使店员得以快速掌握。为确保捣压力度与次数统一，蜜雪冰城还研发"金刚柠檬锤"，同时引导门店实行流水化分工，确保高峰期出杯效率。

另一方面，单杯 4 元的平价优势，也是这款柠檬水得以长青的原因之一。而为了保持这一优势，蜜雪冰城以规模效应重塑产业链，在四川省安岳县包下数座柠檬山，确保原产地直采，并在当地建设柠檬加工厂，引进智能化分选设备，从源头上保障食品安全。

同时，蜜雪冰城为果农提供更多帮助，包括保底收购、技术支持等，使更多果农实现增产增收。通过整合多元化主体的资源，蜜雪冰城使产业链各环节均能获利，其自身也实现了降本增效。冰鲜柠檬水得以凭借高质平价的优势，巩固竞争实力。

对企业家而言，头部的本质是专业。特别是在"人有我优"这条赛道上，只有不断钻研自己最擅长的事，才有机会和能力争得第一。因此，企业家需要明确自己的专业优势，并在该领域持续深耕，不断提升自己的技术水平，以形成独特的竞争优势。

▶ 2.2.3 乔布斯：追求极致的企业家

我们处在一个信息大爆炸的时代，每天都有大量信息占用我们的碎片化时间。太多的干扰让专注成为一种稀缺的东西，可正是稀缺造成人与人之间的天差地别。著名作家马克·吐温说："人的思想是了不起的，只要专注于某一项事业，就一定会做出使自己感到吃惊的成绩。"成功人士都有非常专注的精神，会把一件事做到极致，苹果的创始人史蒂夫·乔布斯就是其中的代表。

乔布斯的一生是传奇的一生，他被认为是计算机业界与娱乐业界的标志性人物，经历了苹果公司几十年的起落与兴衰，深刻地改变了现代通信、娱乐、生活方式。没有乔布斯对极致的不懈追求，苹果公司可能就没有今天的辉煌，也就不会有那些划时代的产品。

1997 年，乔布斯重返苹果公司。当时的苹果公司产品布局十分杂乱、随意，生产很多不同系列的电脑和外设产品，其中包括 10 多个版本的 Macintosh。在长达一星期的产品总结会后，乔布斯绘制了一个二乘二的表格，在两栏的顶端写下"消费者"和"专业人员"，在两行的前端写下"桌面"和"便携"。

他告诉团队，他们的工作就是要生产表格的每一格代表的那个产品，其余的产品应该全部取消。乔布斯通过让苹果聚焦生产四种电脑，成功地挽救了公司。他认为，决策不去做什么和决策去做什么同等重要，这道理适用于企业，也适用于产品。

由此可以看出乔布斯对极致的追求。他秉持"少即是多"的原则，把精力聚集到一个细分领域，以成为这个领域的第一，赢得消费者的认同。相较于面面俱到，他更倾向于将某一点做好、将细节做好。他把所有的专注都用在了把产品做到极致上。正因如此，他才能打造出划时代的产品。

在苹果产品开发过程中，乔布斯经常"按下暂停键"，重新回到设计原点。这源于他对完美的极致追求。

在某苹果商店即将开业之际，乔布斯与店面指导荣恩·强森决定不按常规的产品分类布局，而是创新性地按活动分类，为此不惜推迟数月以重新设计店面陈列。iPhone 的原始设计是将玻璃镶嵌到一个铝制的外壳中，但一个周一的早上，乔布斯对设计总监艾维表示他不喜欢这个设计，艾维几乎瞬间就意识到乔布斯是对的。

iPad 设计的收尾阶段，又发生了类似的事情。有一次，乔布斯看着原型机，觉得它不够随性和友好，他希望给用户传递的信号是用户可以随意用一只手拿起 iPad。所以最后乔布斯和艾维决定将 iPad 的底部设计为圆角，这样用户就可以舒服地拿起 iPad 而不用小心翼翼地捧在手中。然而，这种想法意味着要把所有的接口和按键集成在向下渐变的一个椭圆形区域内，乔布斯一直等到实现了这一想法才发布 iPad。

极致成就了乔布斯，这种天下无双、模仿不来的气质使他成为众多人的榜样和效仿对象。乔布斯又成就了苹果，即便在他生命垂危之际，仍然有很多员工、很多"果粉"不离不弃。

乔布斯的精神和理念永远地留在了苹果公司与整个科技行业。他追求极致的精神，激励着一代又一代的企业家和创新者不断挑战自我、追求卓越。

2.3　圈层锚定：拒绝对牛弹琴

在商业布局中，企业家需重视圈层锚定。他们应精准洞察市场，明确产品或服务的目标受众，拒绝毫无方向的传播与投入，避免对牛弹琴的无效行为。只有找准圈层，企业才能集中资源、有的放矢，实现高效发展，创造更大价值，在激烈的市场竞争中脱颖而出，占得一席之地。

▶ 2.3.1　重度垂直：瞄准目标人群

"射人先射马，擒贼先擒王"这句谚语在现代商业竞争中同样适用。企业家想在商业战场上攻城略地、开疆拓土，关键在于精准地瞄准并征服"王"——目标人群。

运用重度垂直策略，聚焦核心受众，是企业家在商战中取胜的必由之路。所谓重度垂直，即集中优势力量，只解决某一类用户的某一种问题，以此提升个人 IP 的辨识度与商业价值。

以一位致力于健康食品行业的企业家为例，其目标受众为注重养生的中老年人，他应当展示对健康知识的深刻理解，并强调产品的天然性、无添加及营养均衡。通过分享专业的养生知识和讲述产品研发背后的故事，传递对中老年人健康的关怀。在选择宣传渠道时，应考虑中老年人常用的媒体和线下活动。

智能家居行业的某企业家将目标受众定位于追求高科技生活体验的年轻白领，那么他的个人 IP 应着重展现创新精神和对前沿科技的敏锐洞察力。通过不断探索新技术在智能家居中的应用，为年轻白领打造便捷、智能的家居生活体验，从而与其他竞争对手形成差异，吸引目标受众的关注和信任。

一位致力于环保产业的企业家的目标受众为关注环境问题的环保主义者和具有社会责任感的企业，那么在传播个人 IP 时，应聚焦于参与环保活动、发布专业的环保研究报告等。通过与相关环保组织合作，在特定的环保论坛和社交媒体群组中活跃，能够更直接地触及目标受众，增强个人 IP 的影响力。

某位从事教育培训行业的企业家的目标受众为准备出国留学的学生，那么他的个人 IP 应围绕出国留学的专业指导和经验分享来构建。通过举办留学讲座、撰写留学攻略文章、提供个性化的留学咨询服务等方式，树立自己在留学领域的权威形象。同时，利用留学相关的线上平台和线下展会进行宣传推广，提高个人 IP 在目标受众中的知名度和美誉度。

综上所述，对于企业家而言，实现个人 IP 定位的重度垂直、精准瞄准目标受众至关重要。这需要企业家深入了解目标受众的需求、痛点、兴趣爱好和消费习惯，从而有针对性地塑造个人形象、传递价值观念。

▶ 2.3.2　打造KOL标签：聚焦同一领域发声

KOL（Key Opinion Leader）指的是在某一领域具有超强影响力和感染力的意见领袖。随着粉丝经济的发展，KOL 的影响力越来越大，他们拥有一大批粉丝，行为举止会受到粉丝的密切关注。基于此，在打造个人 IP 时，企业家可以与领域内的 KOL 合作，借助 KOL 的影响力扩大个人 IP 的影响力。

例如，杨丽是某化妆品企业的老板，为了明确个人 IP 定位、扩大个人 IP 影响力，她与美妆领域一名极具影响力的主播合作开直播。在直播开始时，该主播对本期直播用到的产品进行介绍，并感谢这些产品的赞助商——杨丽。随后，主播以杨丽为模特为她画了一个新款妆容。在化妆的过程中，主播问了许多关于产品的问题，杨丽一一回答，双方也进行化妆技巧方面的探讨。

妆容完成后，杨丽依照主播的讲解为主播画了一个一模一样的妆容，引得直播间的粉丝连连惊呼。化妆环节结束后，杨丽和主播与粉丝互动，回答粉丝提出的诸多问题，强调了产品的安全性、不刺激等特点，同时也向粉丝分享了许多化妆品方面的专业知识。

一场直播下来，许多粉丝被这位专业能力超强的企业家圈粉，杨丽的个人 IP 形象也更加立体、鲜明。

KOL 本身具有鲜明的细分领域定位、广泛的粉丝群体和巨大的影响力，如果企业家在明确个人 IP 定位后，选择和领域内的 KOL 合作进行宣传，就能够借助 KOL 的影响力巩固个人 IP、扩大 IP 影响力。

一般来说，企业家最好选择领域内的资深 KOL。这样的 KOL 积累的粉丝具有非常高的黏性，也具有更大的影响力。除了考虑 KOL 的影响力，企业家还应注意以下三个方面，如图 2-3 所示。

图 2-3　选择 KOL 的三个注意事项

1.注重选择的渠道

在选择要合作的 KOL 时，企业家要保证渠道的多样化。企业家可以请朋友推荐合适的 KOL，也可以通过公开竞聘的方式选择 KOL。在进行公开竞聘之前，企业家应设定一定的门槛。同时，企业家还可以让粉丝参与进来，了解粉丝的想法。例如，在微博上发起投票活动，询问粉丝希望自己和哪位 KOL 合作。

2.注重 KOL 的声誉

KOL 的声誉在很大程度上决定他在公众心中的形象与地位，如果 KOL 声誉不好，就难以获得大量粉丝的喜爱。如果企业家选择了声誉不好的 KOL，不仅不能巩固个人 IP，反而会对自己的声誉造成不良影响。

因此，在选择 KOL 之前，企业家需要对 KOL 的过往经历、声誉等进行调查，选择那些声誉良好的 KOL。这样，企业家与 KOL 合作才能赢得更多粉丝的喜爱，才能收获更多粉丝，进而促进个人 IP 的正面传播。

3.注重 KOL 的言行

KOL 在与企业家合作、为企业家的个人 IP 做宣传时，不能言行不一。企业家应就此和 KOL 达成约定，并设立相应的规则。例如，不要在公开场合说脏话、不要在微博上发布过激言论、不要传递负能量及不良信息等。

借助 KOL 的影响力，企业家能够在目标人群心中留下更深刻、更鲜明的印象，能够将更多的潜在粉丝真正转化为自己的粉丝。

内容为王：
个人 IP 传播的核心

在打造个人 IP 的过程中，内容为王是核心。优质且独特的内容，是吸引受众、建立信任、塑造形象的关键。企业家通过输出专业见解、创业经验、企业理念等高质量内容，能够精准触达目标群体，提升个人影响力，为企业发展增添动力，实现个人与企业价值的最大化。

3.1 聚焦产品：以产品打造内容

在企业发展中，产品至关重要。企业家需要聚焦产品，以产品为核心打造内容。企业家需要考虑产品的创造性和差异性，针对细分领域推陈出新，保证产品质量。做好这些，企业才能以优质产品立足市场，获得发展空间与竞争优势。

▶ 3.1.1 产品创造性：为新产品付出了哪些成本

企业家在经营企业的过程中，不仅要专注于企业的日常运营和管理活动，确保企业高效运作和稳健发展，还应当意识到个人 IP 的建设对提升企业整体形象和市场竞争力的重要性。通过有效地传播个人 IP，企业家可以提升公众对企业的认知度，扩大企业的影响力，从而在激烈的市场竞争中占据有利地位。在这个过程中，产品的创新性和创造性显得尤为重要。

产品创新是企业生存与发展的关键。在市场竞争日益激烈的今天，很多企业家致力于创造新产品，以满足消费者不断变化的需求和应对市场的挑战。然而，这一过程并非一蹴而就，需要付出诸多成本，如图 3-1 所示。

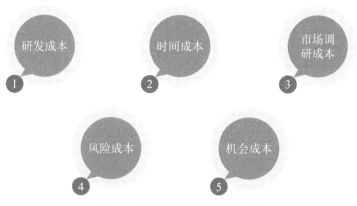

图 3-1　产品创新需要付出的成本

1.研发成本

在产品创新过程中，研发成本是一项重要支出。为了打造具备创新性和竞争力的产品，企业家需要组建专业的研发团队，聚集各领域的顶尖人才。这些人才的薪酬、福利，以及研发设备的购置、维护和升级等费用，都属于研发成本。

以某科技公司为例，为了研发一款新型智能手机，该公司不仅要聘请优秀的芯片工程师和设计师，还需投入巨资建设实验室和测试场地，每一个环节都需资金支持。同时，研发过程中可能会经历多次失败和改进，这些费用同样不可小觑。

2.时间成本

产品从构思到最终推向市场，需要经历漫长的周期。在此期间，企业家需要投入大量的时间和精力，参与产品规划、设计和测试等各个环节。这可能意味着减少处理其他事务的时间，全身心地投入产品创新工作中。

以电动汽车研发为例，从最初的概念设计到最终的量产车型上市，往往需要数年的时间。在这期间，企业家需要不断投入研发力量，进行技术攻关和产品优化。同时，市场需求和竞争格局可能会发生变化，企业家需要不断调整策略以适应这些变化，这无疑增加了产品创造的时间成本。

3.市场调研成本

在进行产品创新之前，深入了解市场需求、消费者偏好和竞争对手情况至关重要。这需要企业家投入资金进行市场调研，包括问卷调查、消费者访谈和数据分析等。例如，食品行业的一位企业家在推出新饮料前，对不同消费群体进行详细调研，以确定产品配方、包装和价格等关键因素。此外，市场调研还需持续进行，以跟踪市场动态和消费者需求变化，这同样增加了成本。

4.风险成本

产品创新充满不确定性，即使投入大量资源，新产品也未必能获得市场认可。一旦失败，企业家前期投入的研发、生产和营销等成本都会打水漂，甚至可能对企业声誉和发展造成负面影响。为降低风险，企业家需进行科学决策和管理，但风险仍难以完全消除。

5.机会成本

当企业家将资源投入某一新产品时，意味着其放弃了将这些资源用于其他项目或业务的机会。如果新产品未能达到预期效果而被放弃，那么原本可能带来更高收益的机会也将随之丧失，这就是所谓机会成本。

具有创造性的产品能够为企业家的个人 IP 增添独特的魅力。当一款创新产品成功推向市场并获得消费者的认可时，企业家会被视为创新引领者和行业开拓者，从而提升个人声誉和影响力。

综上所述，企业家在进行个人 IP 传播时，注重产品的创造性是至关重要的。虽然为此需要付出高昂的成本，但从长期来看，创造性的产品所带来的价值和回报是无法估量的。它不仅能够提升企业家的个人声誉和影响力，还能够为企业的发展注入强大的动力，实现个人和企业的共同成长与成功。

▶ 3.1.2 产品差异性：找到细分领域，推出新品

在当今竞争激烈、变化万千的市场环境中，企业如果要脱颖而出、长久立足，就要挖掘产品差异性，瞄准细分领域并推出新品。

作为企业的领导者和决策者，企业家肩负推动企业发展、创造价值的重任。在探寻产品差异性的道路上，他们需要具备敏锐的市场洞察力、创新的思维和勇于冒险的精神。

案例 3-1　维珍航空：让旅途更加有趣

1984 年，布兰森率领维珍集团进军航空业，成立"维珍大西洋航空公司"（以下简称"维珍航空"）。这一行业的准入门槛极高，因此在当时许多业内人士看来，布兰森的这一行为无异于"自杀"。

然而，一向热爱冒险的布兰森有自己的考量。20 世纪 80 年代，英国已进入繁荣时期，人们有了更多的钱去探索世界。然而，航空产业却没有什么变化，大多数国家仍然只有传统的国有航空公司。这类公司不仅价格昂贵，还不重视用户的需求。布兰森敏锐地捕捉到这一市场缺口。

于是，维珍航空以"让旅途更加有趣"为核心理念，在飞行服务方面大胆创新，为用户提供一个更加有趣、友好甚至难以置信的选择。

（1）维珍航空招募了一批性格活泼开朗的员工作为乘务员，而服务费用并未增加。同时，维珍航空配备专业的美容治疗师，可以为乘客提供按摩、美甲等服务。

（2）在维珍客舱内部，商务座乘客也能享受到头等舱的各类设施与服务，包括紧贴型座椅、更加宽敞舒适的空间（座位间距长 139~152 厘米）、可调整头枕与脚踏板等。椅背的显示屏有 20 个影视频道、9 个音乐频道与超过 10 款电子游戏供乘客选择。

（3）在餐饮方面，维珍飞机中设有小型酒吧，供应各国名酒。乘客还可以通过维珍娱乐系统，为机上的心仪对象送一杯饮料。旅途餐食则选用当季最新鲜的食品，包含东西方不同风格。同时，维珍航空还在一些小细节上让人会心一笑。例如，做成飞机形状的胡椒罐、盐罐，底部印着"从维珍航空偷来的"；奶油刮刀上刻有"偷窃不留痕"字样等。

总之，种种新奇有趣且贴合用户需求的设计，让维珍航空名声大噪。作为创始人的布兰森更是继续发扬冒险、搞怪的精神，亲身参与各种营销活动，与维珍航空打好配合。得益于这些差异化的策略，从 20 世纪 80 年代到 90 年代初期，维珍航空在业内始终处于领先地位，这也使得布兰森的个人 IP 形象越发深入人心。

在挖掘细分领域的过程中，企业家应拥有敏锐的市场洞察力和前瞻性的战略眼光。他们应俯视全局，细致捕捉市场的微妙变化和潜在需求。

詹姆斯·戴森作为戴森公司的创始人，凭借敏锐的洞察力和对市场趋势的深刻理解，发现传统吸尘器产品在吸尘效率和用户体验方面存在明显不足。面对这一现状，他将目光投向真空吸尘器这一细分市场。

戴森投入了大量的研发资源，致力于开发出能够解决传统吸尘器吸力递减和需要频繁更换尘袋等问题的新型吸尘器。经过无数次的试验和改进，他成功研发出搭载创新气旋技术的无袋真空吸尘器。这种技术能够有效地分离空气和尘埃，保持吸力的持久稳定，从而解决了传统吸尘器的痛点。这款革命性的产品一经推出，就在性能上大幅超越了市场上的竞争对手，成为吸尘器行业的新标杆。

不仅如此，戴森无袋真空吸尘器的外观设计也独树一帜，简洁而富有现代感的外形成为戴森品牌的标志性特征，吸引了很多消费者的关注。戴森公司并没有止步于此，而是持续不断地推出新产品，如无叶风扇、先进的吹风机等。这些产品不仅在技术上有所突破，而且在设计上也体现了戴森对美学的追求，进一步巩固了其高端和创新的品牌形象。

作为一位对技术创新有着不懈追求的企业家，詹姆斯·戴森的名字和戴森品牌都成为创新和卓越的代名词。其个人 IP 影响力也在全球范围内得到了广泛的传播和认可。

这些成功案例表明，产品差异性是企业在市场竞争中脱颖而出的重要武器。企业家需要有敏锐的市场洞察力，能够发现那些尚未被挖掘的细分领域和满足的消费者需求；需要有勇气和决心投入资源进行产品研发和创新，推出具有差异性的产品；还需要在品牌建设、市场营销等方面与产品差异性策略相配合，形成完整的商业战略。

产品差异性战略是企业家在激烈的市场竞争中取胜的重要法宝。通过瞄准细分领域，推出具有创新性和竞争力的新品，企业家能够带领企业实现突破和发展，创造商业奇迹。

▶ 3.1.3 保证产品质量：付出了怎样的代价

产品质量是企业的生命线，是赢得消费者信任和市场份额的关键。为了确保产品质量达到标准，许多企业家不惜付出巨大的代价。这种付出不仅体现在物质资源上，还体现在时间、精力和战略决策等多个层面，如图 3-2 所示。

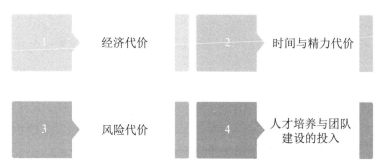

图 3-2 为保证产品质量而付出的代价

1.经济代价

以德国汽车制造商大众旗下的豪华汽车品牌奥迪为例，为确保每一辆汽车均达到顶尖质量水准，奥迪的研发团队在技术研发与创新方面倾注了无数心血和资源。在设计阶段，工程师凭借计算机辅助设计软件和模拟技术，对汽车的结构、性能及安全性进行优化与验证。在零部件采购方面，奥迪始终坚守选择全球最顶尖供应商的准则，对每一个零部件都进行严格的质量检测与筛选，以确保其满足自己的高标准需求。

为确保生产过程中的质量得到严格把控，奥迪投资建设了高度自动化、智能化的生产工厂，引入了激光焊接、机器人喷漆等前沿的生产工艺和设备。同时，奥迪还构建了一套完善的质量管理体系和流程，对生产线上的每一个环节进行实时监控，确保每一辆汽车都达到质量标准。这些努力使奥迪汽车在全球范围内赢得了卓越的声誉和很大的市场份额，而这背后是巨大的投入与成本。

2.时间与精力代价

时间与精力投入是确保产品质量的重要因素。很多企业家深入生产现场，对每一个细节都进行严格的把控，还持续优化生产流程，加强员工培训，以提升员工的质量意识和操作技能。

"纸上得来终觉浅，绝知此事要躬行。"家具制造领域的一位杰出企业家常年在车间与研发中心之间忙碌穿梭，亲自参与产品设计与研发，与技术团队并肩作战，攻克技术难关，与工人共同探讨生产工艺的改进之道。

为了研发出一款集环保、耐用、美观等功能于一体的新型家具，他带领团队历经数年艰辛，反复试验，精心打磨，倾注了无数的心血与汗水。他这份执着的追求与专注的精神，使得最终推出的产品在市场上赢得了广泛的赞誉与认可。

3.风险代价

在追求品质卓越的道路上，企业可能会遭遇成本攀升、生产周期延长等挑战，在短期内面临市场份额被竞争对手蚕食、利润缩减等风险。然而，那些具备远见卓识的企业家深知质量和声誉对企业长远发展的重要性，因此他们勇于承担这些风险。他们坚信，只有坚持严格的产品标准，企业才能在激烈的市场竞争中立于不败之地，并长久地赢得客户的信任与支持。

4.人才培养与团队建设的投入

优秀人才是确保产品质量的核心驱动力。为了吸引并留住顶尖的技术与管理人才，企业家需要精心制订一套全面的人才培养方案，同时提供具有竞争力的薪酬和广阔的发展空间。此外，持续强化团队建设，构建严谨、负责的企业文化，使每位员工都能深刻认识到质量的重要性，也是至关重要的。尽管人才培养与团队建设需要企业家倾注大量心血与智慧，但正是这样的投入，才能为保持卓越的产品质量奠定坚实的人才基石。

企业家的坚持和付出，使得企业在市场上树立了良好的口碑和品牌形象，赢得了消费者的信任和忠诚。从长远来看，这些为保证产品质量所付出的代价，都将转化为企业的核心竞争力和可持续发展的动力，给企业带来更加丰厚的回报和更加广阔的发展空间。

3.2 专业性展示：专业内容持续输出

在个人 IP 传播的过程中，企业家需要从多个维度展现专业性。企业家可以持续输出专业内容，展示专业背书，如证书、名人推荐等。企业家也可以通过展示曾经的成就、成功经历来凸显自己的专业性。此外，企业家可以发表对行业的深刻见解，预测行业发展方向，针对相关事件给出专业性建议，以提升影响力与可信度。

▶ 3.2.1　专业背书展示：权威认可+名人推荐

企业家可以通过专业的背书来传播个人 IP，这可以帮助企业家有效地提升个人形象，增强公众对其专业能力和信誉的认可。

一方面，企业家可以通过获得权威机构、媒体认可的形式，实现有效背书。权威机构背书，即通过政府、行业协会等权威组织颁发的证书、奖项等载体，证明企业家或其背后的企业具备某种资质、优势或能力。权威媒体背书，即利用出版社、电视台、网络平台等媒体渠道，对企业家进行报道或评价，以塑造个人形象。

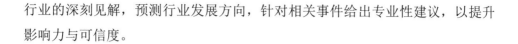 **案例 3-2　董明珠：出书、获奖、立传**

抛开"网红企业家"这一层身份，董明珠个人 IP 的含金量其实是非常高的，这得益于她近 20 年来积攒的背书资源。

早在 2000 年，董明珠就出版了第一部自传体作品《棋行天下》，成为中国家电行业第一位出书的职业经理人。而董明珠也凭借这本书迅速提升知名度，由此开启了打造个人 IP 之路。

2003 年，董明珠当选第十届全国人大代表，这是她第一次获得官方认可，此后连任 5 届人大代表，个人 IP 含金量大幅度提升。

2006 年，董明珠再次出书《行棋无悔》，吸引了大量流量。转年 1 月，她与时任尚德董事长施正荣、波司登董事长高德康、苏宁董事长张近东等共同登上了"2006 CCTV 中国经济年度人物评选"榜单。这一奖项被称作中国经济领域的"奥斯卡"，代表官方对董明珠的进一步认可。

2010 年，董明珠获得"2010 CCTV 中国经济年度人物创新奖"，2015 年被授予"全国劳动模范"荣誉称号。2017 年，《营销女皇的倔强人生——董明珠传》出版，2019 年，《独立女性奋斗范本——董明珠传》出版。

不难看出，从出书、获奖到立传，董明珠不断获得权威机构、媒体的认可，个人 IP 的含金量也不断提升。在足够专业的基础上，董明珠开启了"网红企业家"之路。

另一方面，名人推荐也是企业家个人 IP 传播不可或缺的驱动力。备受尊崇与信赖的行业翘楚、资深学者或业界巨擘对某位企业家表示由衷的认可并主动推荐，能迅速提升被推荐企业家的市场关注度和信任度，为其个人 IP 的塑造与传播注入强劲且持久的动力。

以创业为例，一位初出茅庐的年轻创业者得到某位成功创业者的推荐和支持，那么这位年轻创业者在寻求投资者、合作伙伴和客户时，将会变得更加容易。因为投资者、合作伙伴和客户会认为，既然得到了成功创业者的认可，那么这位年轻创业者必然具备一定的潜力和实力。

同样，在科技领域，如果一位科学家或科技型企业家得到了业内顶尖专家的推荐和赞扬，那么他的科研成果和创业项目将更容易获得关注与资源支持，能够快速发展和推广。

专业背书在企业家个人 IP 传播中起着至关重要的作用，其价值不仅局限于提高知名度和信任度，还深远地影响企业的整体发展。拥有强大专业背书能力的企业家，能够吸引顶尖人才加入企业。"良禽择木而栖，贤臣择主而事"，专业人才更倾向于加入那些由具备专业素养和良好声誉的企业家领导的企业。

此外，专业背书也给企业带来了市场渠道拓展与多元化投资合作的机遇。投资者和合作伙伴在寻找合作对象时，往往倾向于选择那些具备扎实专业基础和良好口碑的企业家。他们深信，这样的企业家能够引领企业在激烈的市场竞争中稳健前行，实现双方共赢。

如果企业家仅依靠证书和名人推荐来包装自己，而缺乏专业能力和道德操守，那么其个人 IP 终究是"空中楼阁"，经不起市场的考验和时间的检验。企业家只有不断提升自身的专业素养，坚守诚信、创新、负责任的商业精神，才能真正让专业背书发挥出应有的价值，为个人 IP 的传播和企业的发展奠定坚实基础。

▶ 3.2.2 曾经成就展示：成功经历展示专业性

成功的企业家往往拥有丰富的经验和卓越的成就，这些都是他们专业性的有力证明。通过分享成就和成功经历，企业家能够让外界更好地了解自身的专业能力、智慧和领导力，从而赢得信任和认可。

以雷军为例，他在创立小米公司之前，就已经在金山软件公司取得显著的成就。从金山词霸到金山毒霸，再到 WPS 办公软件，雷军带领团队在软件领域不断创新和突破。这些早期的成就，为他后来创立小米公司并在智能手机和智能硬件领域取得成功奠定了坚实的基础。在传播个人 IP 时，雷军常常会提及自己在金山时期的创业经历和成果，向人们展示他在科技领域的深厚积累和专业素养，助力小米品牌塑造专业、可靠的形象。

再如王兴，作为美团的创始人，在创办美团之前，他有过多次创业经历。虽然校内网、饭否网等项目在发展过程中遭遇波折，但王兴从中获得的经验和教训，使他对市场有了深刻洞察。在美团的发展过程中，王兴不断分享自己过去的创业故事和经验，让外界了解他在创业道路上的坚持和专业精神，也让美团在市场竞争中赢得了更多的信任和支持。

除了科技行业的企业家，一些传统行业的企业家也通过展示成就来传播个人 IP。例如，福耀玻璃的创始人曹德旺带领福耀从一个小乡镇企业发展成为全球领先的汽车玻璃制造商。曹德旺在讲述自己的创业历程时，常常提及自己克服技术难题、拓展市场、进行企业管理的成就和经验，向人们展示他在制造业领域的专业能力和专注精神，也使福耀玻璃的品牌形象更加深入人心。

对于企业家来说，展示曾经的成就不仅是对过去的回顾，也是对未来的展望。通过分享成功经历，他们可以向外界传递自己的价值观、理念和愿景，吸引更多志同道合的人才、合作伙伴和投资者，共同创造更加辉煌的未来。

然而，在展示成就的过程中，企业家也需要注意方式、方法。企业家要真实、客观，不夸大其词，以真诚的态度分享自己的故事和经验。同时，企业家要结合当下的市场环境和发展趋势，让自己的成就和经历具有现实的指导意义与价值。

企业家展示曾经的成就和成功经历，是传播个人 IP、展示自身专业性的有效途径。在这个过程中，企业家需要深入挖掘自身的价值和故事，用真实、生动的方式将其呈现给大众，为企业的发展和个人的成长创造更多的机会与可能性。

▶ 3.2.3 发表行业见解，预测行业发展

发表行业见解和对行业发展进行预测，能够展示企业家深厚的行业知识储备、敏锐的市场洞察力及前瞻性的思维方式。企业家对行业的未来走向提出独到而准确的观点，不仅能够为企业的战略决策提供方向，还能吸引行业内外的关注，在行业内树立权威形象，进而推动个人 IP 的传播。

案例 3-3　江南春：品牌增长，我有话说

作为分众传媒的创始人，江南春深耕广告传媒领域超过 30 年。在这数十年间，他频繁发声，深入剖析广告营销行业的发展趋势，在不确定的市场环境中为营销人指明方向。

一方面，他写作并出版《抢占心智》《人心红利》《破解增长焦虑》三本书，将自己对品牌变迁的理解、与客户共创的经历及品牌投放的经验整理成文，分享给大众。在这三本书的基础上，他又总结出 99 条反思。例如，企业竞争的是消费者的品牌认知；深度分销，抢占心智；当别人还在种草时，你应当去种一棵大树；在 10 个市场都拥有 1% 的渗透率，不如在一个市场做到 10% 的渗透率……

另一方面，通过行业论坛、媒体采访等多样化场合，江南春慷慨地分享自己的见解与经验，为业界同人提供了极具价值的参考。例如，在 36 氪举办的"WISE 2022 新经济之王大会"上，江南春针对未来 10 年品牌的增长方向，提出四个值得关注的战略机会点：新品的引爆、场景的触发、渠道的助攻及内容的扩散。

2023 年 4 月，江南春在"第八届中国快消品创新大会"主论坛上，发表题为《穿越周期　韧性增长　打造高质量中国式强品牌》的演讲，讲述品牌应当如何理解梯媒价值，并借助其穿透经济周期，打造高质量品牌。

2024 年，江南春与栈道资本的创始人吴志伟对话，针对品牌定位、企业家

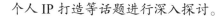

个人 IP 打造等话题进行深入探讨。

江南春的分享让更多的人对分众传媒的发展战略和创新理念有了更深的了解，从而进一步提升了分众传媒的品牌影响力，巩固了江南春作为行业领军人物的个人 IP 价值。

好未来的创始人张邦鑫始终紧跟教育行业发展趋势，就在线教育、素质教育发表独到见解和进行前瞻性预测。他的观点不仅为企业未来发展提供了明确指引，还使他在教育行业赢得广泛赞誉，树立了卓越的个人形象。

企业家需要具备丰富的行业知识和实践经验。只有对行业有深入的了解和研究，才能准确把握行业的发展规律和趋势，提出有价值的见解。这就要求企业家不断学习和积累，关注行业的最新动态和技术创新，与行业内的专家、学者及同行交流和合作，拓宽自己的视野。

优衣库的创始人柳井正一直积极地发表对服装零售行业的见解。在电商迅速崛起的时代，柳井正预测到线上、线下融合的新零售模式将成为服装行业的未来发展趋势。基于这一预测，优衣库积极布局线上销售渠道，同时不断优化线下门店的体验和服务，实现了线上、线下的无缝对接。

柳井正的这些行业见解和预测，不仅为优衣库的发展指明了方向，也使他本人成为全球服装零售行业备受瞩目的企业家，个人 IP 得到了广泛传播。

在信息快速传播的时代，社交媒体、行业论坛、专业会议等平台为企业家提供了发表专业见解和预测的机会。通过积极参与这些活动，分享自己对行业的思考和展望，企业家能够吸引更多的资源和人才，为企业的创新发展注入新的动力。

需要注意的是，企业家的见解和预测必须基于严谨的市场调研和数据分析，具有一定的前瞻性和可行性。只有这样，他们才能真正赢得市场和社会的认可，实现个人 IP 的有效传播。

3.3　价值观展示：引发共鸣，凝聚人心

在传播个人 IP 的过程中，企业家可以展示自身的价值观。积极、正向的

价值观能够引发受众共鸣，使他们产生认同感。企业家的价值观被认同，就能凝聚人心，吸引志同道合者。这有利于企业家扩大影响力，也为企业发展营造良好氛围，推动企业向更高目标迈进。

▶ 3.3.1 以用户为中心：聚焦用户需求研发产品

以用户为中心，聚焦用户需求研发产品，不仅是企业取得成功的关键，也是企业家传播个人 IP 的有效途径。通过深入了解用户，满足他们的需求，企业家能够在用户心中树立起值得信赖的形象，还能展现自己的价值观。

以用户为中心要求企业家摒弃主观臆断，真正走进用户的世界，倾听他们的声音。这意味着企业家要花费大量的时间和精力进行市场调研，与用户进行面对面的交流，了解他们的痛点、期望和未被满足的需求。只有这样，企业家才能开发出符合市场需求的产品。

对用户需求的满足情况在很大程度上决定了品牌的影响力。当行业中已经出现领导品牌时，企业家应该做的是找到尚未被满足的用户需求，基于这个需求设计产品，让产品成为品牌的象征。

案例 3-4 程维与滴滴出行

在滴滴出行诞生之前，出行市场存在诸多问题，如打车难、服务质量参差不齐等。程维敏锐地洞察到这些用户痛点，并决心打造一个能够改变出行方式的平台。

为了深入了解用户需求，程维和他的团队进行了广泛的市场调研。他们走访了多座城市，与出租车司机、乘客进行交流，收集了大量的第一手资料。通过这些调研，他们发现用户对便捷、高效、安全的出行服务有着强烈的渴望。

基于用户需求，程维不断优化和创新产品。从最初的出租车叫车服务，到后来的快车、专车、顺风车等多种出行选择，滴滴出行始终以满足用户需求为核心。程维还通过智能匹配算法，提高叫车的成功率和效率；引入评价体系，提升司机的服务质量；加强安全措施，保障乘客的出行安全。这些努力使滴滴出行的功能不断丰富（图 3-3），滴滴出行在短时间内迅速崛起，成为出行领域的领军企业。

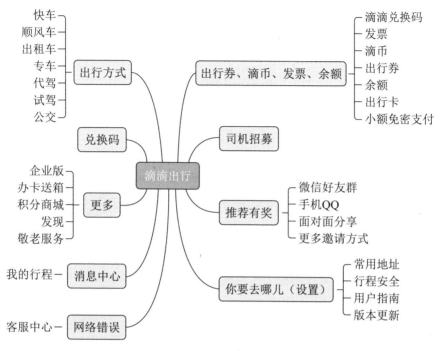

图 3-3　滴滴出行的功能

　　在滴滴出行快速发展的过程中，程维不仅彰显了其卓越的商业智慧，还通过贯彻以用户为中心的理念，成功塑造并传播了自己的个人 IP。他的名字与滴滴紧密绑定，成为创新的象征。与此同时，用户在体验滴滴出行所提供的便捷服务的同时，也对程维的领导才能和敏锐洞察力给予高度的认可与赞赏。

　　以用户为中心，聚焦用户需求研发产品是企业家传播个人 IP 的有力手段。通过深入了解用户，解决他们的问题，提供优质的产品和服务，企业家能够在市场中树立起良好的口碑和形象，赢得用户的信任和支持。在这个过程中，企业家的个人 IP 得以不断强化和传播，为企业的发展和个人的成功奠定坚实的基础。

3.3.2　坚持创新：弘扬产品优势

　　"创新"一词源于拉丁语，有三层含义：更新、创造新的东西、改变。

1912 年，创新作为一种理论由哈佛大学教授熊彼特第一次引入经济领域。

对于企业家而言，持续不断地追求创新意味着要敢于突破传统思维的束缚，勇于探索未知领域，以满足市场不断变化的需求。通过弘扬产品优势，企业家不仅能够推动企业进步，还能有效地传播个人 IP 并展现独特的价值观。

案例 3-5 宿华与快手

宿华是快手的联合创始人，在他的领导下，快手借助创新的算法推荐和精心构建的内容生态，给用户带来了前所未有的体验。与传统短视频平台偏重明星和网红内容推送不同，快手通过先进的算法，确保每个普通用户的作品都有机会被更广泛的观众看见。

这种创新的推荐机制，让用户能够轻松发现那些源自日常生活、真实且引人入胜的内容。无论是乡村的自然风光，还是城市中鲜为人知的平凡故事，快手都能将其呈现给用户。

在内容生态建设方面，宿华始终强调多样性和真实性的重要性。真实生活是多姿多彩的，每个人都有独特的故事和价值观。因此，快手平台不仅有娱乐搞笑的内容，还涵盖教育、文化、艺术等多个领域。这种对内容多样性的尊重，使快手成为一个内容丰富的信息库，满足了不同用户的需求。

快手不仅是一个娱乐工具，还是一个记录时代变迁、传递温暖、拉近人与人之间距离的平台。通过快手，许多普通人得以分享自己的生活点滴，让更多人了解到不同地域、不同背景下人们的真实生活状态。对普通人生活的关注，赋予了快手浓厚的人文关怀和生活气息。

同时，快手也成为传递正能量的重要渠道。面对困难和挑战，许多用户通过快手分享自己的坚持和奋斗，激励更多的人勇往直前。宿华倡导的积极向上的精神，让快手成为一个充满希望和力量的社区。

在促进社交互动方面，快手的创新功能让用户之间的交流和互动变得更加便捷。评论、点赞、私信等功能，让用户之间建立紧密的联系，形成了一张充满活力的社交网络。

宿华的价值观已经深深融入快手的发展之中。他对普通人生活的关注，反映了他深厚的平民情怀；他对内容多样性的尊重，展现了他包容和开放的心态；他对技术普惠的追求，体现了他希望通过技术创新让更多人受益的美好愿景。

随着快手的迅猛发展，宿华成为短视频行业的领军人物。他的个人 IP 已不再局限于企业领导者，而是集创新精神、社会责任感与人文关怀于一体。他的成功故事不仅激励了无数创业者勇于追求创新、不断突破自我，还引导他们关注社会价值、积极回馈社会。

▶ 3.3.3　回馈社会：热衷慈善事业

企业家不仅是经济发展的坚实推手，还是社会进步不可或缺的动力源泉。随着企业家个人 IP 的广泛传播与影响力日益增强，企业家在积极塑造与传播个人形象的同时，应回馈社会、热衷慈善事业。

慈善事业是人类文明进步的重要标志。对于企业家而言，投身慈善事业不仅是对社会责任的积极承担，还是个人 IP 建设中不可或缺的一环。企业家将慈善精神融入个人 IP 塑造中，不仅能传递积极向上的价值观，还能为企业赢得社会的广泛关注与高度认可。

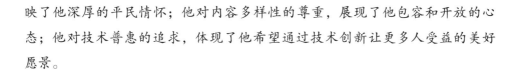

案例 3-6　吴英绪：积极投身慈善事业

吴英绪是中脉科技的创始人之一，多年来一直投身慈善事业，在慈善圈小有名气。通过他的不懈努力，中脉公益基金会成功创立，中脉科技也获得了良好发展。他认为，做慈善是企业家精神的最高境界，正是因为有这样的觉悟，他的人设变得更加立体，个人形象有了进一步提升。

2014 年，亚洲明星高尔夫慈善比赛在深圳举办，此次比赛聚集了 50 位各个领域的名人，他们对个人及队际奖项进行争夺。比赛所得的所有善款都用于免费午餐项目，吴英绪位列其中，献出了自己的一份力量。

同年，中脉公益基金会正式成立，性质为全国性非公募基金会，原始基金5 000 万元。作为该基金会的坚定支持者，吴英绪一直积极参与各项活动，希望为弱势群体提供更好的帮助。

在吴英绪的带领下，中脉公益基金会先后获得了"慈善推动者""儿童慈善奖突出贡献奖""中国慈善排行榜——年度十大慈善企业""中国妇女儿童慈善奖突出贡献奖""优秀助老共建单位"等多项荣誉。

吴英绪不仅把企业打理得井井有条，还认真做慈善，这有利于个人 IP 打造和形象的优化，他的影响力和知名度有了很大提升。

慈善事业为企业家搭建了一个与社会各界深入交流和互动的桥梁。在投身慈善活动的过程中，企业家不仅有机会与政府、社会组织、普通民众等多元群体建立紧密的联系，还能拓展人脉资源，极大地提升个人的社会影响力和美誉度。

在个人 IP 推广过程中，企业家应深刻意识到回馈社会与投身慈善事业的价值。真心实意的慈善举措不仅能够为那些有需要的人提供实质性的帮助，推动社会正向发展，还能推动企业家个人 IP 传播，彰显企业家的社会责任感与人性光辉。

第 **4** 章 / 传播路径：
聚焦用户，打通传播全流程

在构建个人 IP 的传播路径时，企业家应坚定不移地以用户为中心。在这一过程中，企业家需要深入洞察用户的偏好与需求，并基于此精心策划传播内容，确保信息能够精准、有效地触达目标受众。同时，在选择传播渠道时，企业家既要考虑其覆盖面和影响力，又要紧跟时代潮流，勇于尝试新的传播方式，以确保传播全流程畅通无阻。这样的策略不仅能助力企业家个人 IP 的广泛传播，还能显著提升企业的品牌形象和市场竞争力，从而更好地服务用户，赢得市场认可。

4.1 AISAS：拆解传播的五大环节

AISAS 模型是对传播过程的有效拆解。Attention（注意）是传播起点，吸引受众目光；interest（兴趣）使受众对内容产生好奇；search（搜索）是深入了解的开始；action（行动）达成传播转化；share（分享）则让传播扩散。通过深入理解和运用 AISAS 模型，企业家可以更加精准地把握传播过程中的每一个环节，不断优化个人 IP 传播策略，提升传播效果。

▶ 4.1.1 注意：引起用户关注

在引起注意阶段，企业家的目标是激发用户的消费欲望，将与 IP 相关的信息传递给用户，让更多用户了解产品。具体而言，企业家可以采取以下措施来引起用户的关注，从而更广泛地传播个人 IP。

1.内容创新与独特性

（1）原创内容。发布高质量、原创的内容，避免抄袭或模仿他人。原创内容能够展现企业家的独特见解和个性，从而吸引用户的注意。

（2）独特视角。从独特的角度解读行业趋势、热点事件或专业知识，提供新颖的观点和见解。这有助于在众多信息中脱颖而出，引起用户的注意。

2.多渠道传播

（1）社交媒体。利用微博、微信公众号、抖音、快手等社交媒体平台发布内容，这些平台具有广泛的用户基础和高度互动性，有助于快速传播信息。

（2）专业网站与论坛。在行业相关的专业网站和论坛发布文章或参与讨论，能够吸引目标受众的关注。这些平台上的用户往往对特定领域的内容有较高兴趣。

（3）线下活动。参加或举办线下活动，如讲座、研讨会、展览等，通过面对面的交流增强个人影响力，并吸引潜在用户的关注。

3.利用热点事件

（1）时事关联。密切关注时事热点和行业动态，及时发布与热点事件相关的内容。通过借势热点事件，提高内容的曝光度和关注度。

（2）快速反应。对于突发事件或行业大事件，迅速作出反应并发布相关观点或解读。这种快速反应能力能够展现企业家的敏锐洞察力和专业素养，从而吸引用户的注意。

4.视觉呈现与形式创新

（1）视觉呈现。利用图片、视频、表格等视觉元素丰富内容形式，提高内容的可读性和吸引力。例如，可以制作精美的 PPT、短视频或动画来展示观点和数据。

（2）形式创新。尝试使用新颖的内容形式，如直播、播客、互动问答等，以满足用户多样化的需求。这些形式能够增加用户的参与感和黏性，从而提高关注度。

5.合作与跨界

（1）跨界合作。与其他行业或领域的知名人士进行合作，共同发布内容或

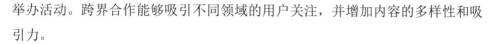

举办活动。跨界合作能够吸引不同领域的用户关注，并增加内容的多样性和吸引力。

（2）与关键意见领袖合作。与 KOL（Key Opinion Leader，关键意见领袖）进行合作，通过他们的影响力来传播个人 IP。KOL 在特定领域拥有大量粉丝和高信任度，他们的推荐和分享能够显著提高关注度。

6.定期更新与优化

（1）定期更新。保持内容的定期更新和发布频率，确保用户能够持续获得有价值的信息。这有助于维持用户的关注度和兴趣。

（2）数据分析与优化。利用数据分析工具了解用户的行为和偏好，根据数据反馈调整内容策略和传播渠道。通过持续优化内容和渠道，提高传播效果和用户关注度。

综上所述，企业家在传播个人 IP 时，需要从内容创新与独特性、多渠道传播、利用热点事件、视觉呈现与形式创新、合作与跨界及定期更新与优化等方面入手，以引起用户的注意并提升个人影响力。

在拼多多成立初期，电商市场已有巨头，竞争异常激烈。然而，其创始人黄峥凭借敏锐的商业洞察力，发现了下沉市场的巨大潜力。他创新性地推出社交拼团购物模式，鼓励用户邀请亲朋好友共同参与拼团，以享受更优惠的价格。

这种模式迅速吸引了用户的注意。用户被低价和社交互动的乐趣所吸引，纷纷加入拼团购物的行列。拼多多的用户基数因此实现了爆炸性增长，迅速崛起为电商界的一匹黑马。

在这一过程中，黄峥积极投身拼多多品牌推广与传播。他利用公开演讲和媒体采访等渠道，详细阐述拼多多的发展理念与战略规划。黄峥着重强调，拼多多的使命在于为用户创造更大价值，使更多人能够获得经济实惠、便捷的购物体验。他的言辞真诚且充满感染力，让用户深刻感受到他对拼多多的热爱及对用户需求的深切关注。此外，黄峥还分享了个人创业经历和心路历程，向用户展示了他在面对挑战时的坚持与勇气。

此外，黄峥擅长运用社交媒体平台与用户互动。他会在拼多多的官方账号上发布关于产品改进、用户服务等方面的信息，并及时回应用户的关切和疑问。这增强了用户对他的信任和亲近感。

黄峥的个人 IP 为他吸引了大量用户。他给人的印象是低调、务实且充满智慧。他不追求表面的虚荣和浮华，而是专注于解决实际问题，为用户提供更优质的产品和服务。这种务实的作风赢得了用户的认可。

▶ 4.1.2　兴趣：激起用户了解的兴趣

引起用户的注意之后，企业家可以采取一些策略进一步激起用户深入了解自己的兴趣。

（1）价值传递。企业家在传递信息时，应始终关注用户的需求和兴趣点。通过提供实用的行业知识、解决方案或经验，帮助用户解决实际问题或提升自我能力。同时，企业家可以适当融入个人故事和情感元素，增强内容的感染力和吸引力。在内容形式上，可以采用问答、访谈、教程等多种形式，以满足不同用户的学习需求。

（2）互动与反馈。企业家应积极与用户互动，回复评论和私信中的问题与反馈，或者通过定期举办线上或线下活动（如问答会、研讨会、见面会等），与用户建立更紧密的联系。同时，企业家可以利用数据分析工具（如社交媒体分析工具、网站分析工具）了解用户的偏好和行为习惯，为内容创作提供数据支持。在互动过程中，企业家应保持真诚和耐心的态度，让用户感受到被重视和尊重。

（3）个性化推荐。企业家可以利用数据分析技术为不同用户群体推送个性化的内容。通过分析用户的浏览历史、点击行为、兴趣标签等信息，企业家可以构建用户画像并预测其潜在需求。基于预测结果，企业家可以为用户推荐符合其兴趣的内容或产品。同时，企业家可以通过设置个性化标签或分类来优化内容展示方式，提高用户的阅读体验和满意度。

成功的企业家通常擅长运用上述策略，激发用户对其的好奇心和兴趣。以一加科技创始人刘作虎为例，他在手机行业深耕多年，在塑造个人 IP 的过程中，他分享自己对产品品质的极致追求，以及不将就、不妥协的产品理念，这种真诚和执着激起了用户的兴趣。

✍ 案例 4-1　刘作虎：活下来是因为"不将就"

作为 OPPO 高级副总裁、一加科技创始人兼 CEO，刘作虎总是把"产品"挂在嘴边，通过一系列言行展现其对产品、细节的极致追求。在 2013 年离开 OPPO，成立一加科技后，刘作虎就把"不将就"三个字定为一加科技的产品理念。在旗下产品一加 7T 的发布会上，刘作虎并没有使用"创始人""CEO"等词汇介绍自己，其身后的 PPT 上只有"刘作虎 首席产品经理"的字样，以表明自己持续钻研产品的决心。

发布会结束后，刘作虎邀请了将近 100 位用户在发布会场地附近的酒店吃饭，这是一加每次发布会后的固定活动。通过面对面与用户交谈，刘作虎将自己对产品的一腔热忱直接传达给用户，用他自己的话说：这种真心喜欢和用户在一起的感觉，是装不出来的，用户能感知到。

而在接受腾讯深网专访时，刘作虎则坦诚地讲述自己曾经"不本分"的运营经历。他回忆了 2015 年为争夺市场份额，一加推出了一款更便宜的"一加 X"，并扩张线下门店，结果导致资金与产品都出现严重问题的经历，并再次强调"本分"的重要性。借助权威媒体平台，刘作虎既讲述了一加的研发重心，又讲述了自己曾经的错误行为，增强了内容的感染力和吸引力。

2020 年，刘作虎回归 OPPO。2024 年，刘作虎公开发图，将 OPPO Find X8 与苹果 iPhone16 的边框进行对比，通过向行业巨头"叫板"，展现 OPPO 的设计水准。种种行为证明了刘作虎对产品的执着和热情，激发了用户了解刘作虎的兴趣，并将这种关注延伸到一加、OPPO 品牌上。

除了刘作虎，还有许多企业家通过类似的方式成功传播了个人 IP。例如，某位餐饮企业家通过讲述自己如何遍访世界各地寻找美食灵感，如何与大厨交流学习，从而打造出独具特色的餐厅品牌，激发了众多美食爱好者的兴趣。又如，一位时尚品牌的创始人分享自己在设计过程中的灵感来源，即如何从艺术、文化和生活中汲取元素，将其融入时尚产品中，引发了时尚追随者对其个人和品牌的浓厚兴趣。

企业家通过激起用户了解的兴趣来传播个人 IP，是一种综合性的策略。企业家需要结合自身的经历、价值观、行业见解，运用丰富多样的传播方式，与用户建立紧密的联系。当用户对企业家产生了浓厚的兴趣，他们不仅会关注企业家个人，还会对其所领导的企业产生好感和信任，从而给企业的发展带来更加有利的环境。

▶ 4.1.3 搜索：用户主动搜索信息

在经历了引起注意和激起兴趣两个阶段后，用户会对企业家及他们的产品产生一定兴趣，并进行搜索。企业家可以采取以下措施（图 4-1），引导用户主动搜索和自己相关的信息。

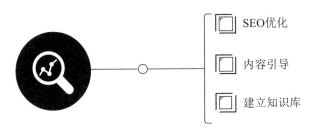

图 4-1　引导用户主动搜索的措施

1. 搜索引擎优化

企业家应深入了解 SEO（Search Engine Optimization，搜索引擎优化）技术并将其应用于内容创作中。在撰写标题和描述时，注意使用关键词并确保其相关性和准确性。企业家可以通过优化网站结构和内链布局来提高搜索引擎的抓取效率，同时，可以通过建立外部链接（如与其他网站合作、互换链接等）来提高网站的权重和排名。此外，定期更新和维护网站内容也是提高 SEO 效果的重要手段之一。

2. 内容引导

在内容中巧妙地引导受众进行搜索是提高曝光度和吸引流量的有效方法。企业家可以在文章中设置关键词链接或超链接，以跳转到相关资源或页面。同时，企业家可以在内容结尾处提供搜索关键词或推荐阅读列表以引导受众进一步探索相关内容。企业家也可以利用社交媒体平台的标签功能来增加内容的曝光度和搜索性。

3.建立知识库

企业家可以构建个人或企业知识库，以系统化地呈现专业知识，并通过分类整理和定期更新内容来确保知识库的时效性与准确性。同时，企业家可以将知识库与社交媒体平台相结合进行推广和传播。例如，在社交媒体上分享知识库中的精华内容或链接以吸引受众关注和阅读。

用户主动搜索信息，意味着他们对特定的主题或人物有着强烈的兴趣和需求。对于企业家而言，如果能够在用户搜索的过程中提供有价值、吸引人的内容，便能够在用户心中留下深刻的印象，从而成功传播个人 IP。

然而，要实现通过用户主动搜索信息来成功传播个人 IP，并非一蹴而就。这需要企业家持续不断地输出高质量的内容，保持与用户的互动和沟通，不断提升自己在行业内的影响力和知名度。

例如，一位教育科技行业的企业家多年来一直坚持在自己的博客上分享教育创新的案例和思考。随着时间的推移，他的博客积累了大量的忠实读者，当用户搜索教育科技相关的信息时，他的博客往往会出现在搜索结果的前列。通过这种方式，这位企业家不仅成功传播了个人 IP，还为自己的企业吸引了众多合作伙伴和潜在客户。

再如，一位餐饮行业的企业家经常在社交媒体上发布关于餐饮管理和市场营销的实用技巧。他还积极参与餐饮行业的线上论坛和社群，与其他从业者和爱好者进行交流。当有人搜索餐饮连锁经营的经验时，这位企业家的名字和观点很容易被搜索到，从而进一步传播了他的个人 IP。

让用户主动搜索信息，是企业家进行个人 IP 传播的重要策略。在商业竞争中，企业家应不断创新传播内容和方式，激发用户的主动搜索行为，以实现个人 IP 的有效传播。

▶ 4.1.4 行动：关键成果转化

用户主动搜索企业家的有关信息后，可能会采取后续行动。这包括多种具体的行为，其中，关注企业家的社交媒体账号是最普遍且基础的行为之一。

在当今社交媒体高度发达的时代，企业家的社交媒体账号已成为他们与公众直接沟通和展示自我的关键渠道。通过关注企业家的账号，用户能够及时获取企业家发布的最新动态、观点及企业的相关信息。这一简单的举动，表明用户愿意与企业家建立更紧密的联系，并主动接受其个人 IP 的影响。

用户购买企业的产品或服务，是对企业家更为实质性的支持。当用户被企业家的个人魅力、专业能力和价值观所吸引，进而对其企业的产品或服务产生信任和兴趣时，便会产生购买行为。例如，以健康食品行业的某位企业家为例，他通过个人 IP 的塑造与传播，强调产品的天然、优质及对健康的积极影响，从而打动消费者，使其愿意选择并购买产品，以实际行动表达对企业家及其品牌的支持与认可。

此外，积极参与企业组织的各类活动，是用户深化对企业家个人 IP 认同与信任的表现。企业精心策划的新品发布会、用户体验活动、线下研讨会等，不仅为用户提供了深入了解企业文化、产品及发展战略的窗口，还为其提供了与企业家面对面交流、互动的机会。这种深度的参与感与互动性，进一步增强了用户对企业家个人 IP 的认同和信任。

以电商行业的某位企业家为例，他通过个人 IP 的传播，成功吸引了大量粉丝关注其店铺，并激发了他们的购买热情。该企业家在社交媒体上分享创业历程，讲述团队成长故事，强调品质控制与用户服务的重要性，同时借助直播等形式与用户互动，解答疑问，展示产品。这些举措极大地提升了用户的认同感与购买意愿，促使大量用户涌入店铺，选择心仪的商品，从而推动了企业销售业绩的攀升与市场份额的扩大。

为了促使用户积极采取行动，提升转化率，企业家还需要不断优化用户体验。在产品与服务方面，企业家要确保品质卓越、价格合理、售后完善，让用户感到物有所值。在活动组织方面，企业家要注重活动的策划和执行，提供有趣、有意义和富有参与感的体验。同时，企业家要善于利用各种营销手段和激励措施，如限时优惠、会员制度、赠品等，激发用户的购买欲望和参与积极性。

用户采取行动是企业家个人 IP 传播过程中的关键成果转化阶段。只有用户采取了关注企业家账号、购买产品、参与活动等具体行动，企业家的个人 IP 影响力才能转化为商业价值，为企业的发展注入强劲动力。

▶ 4.1.5　分享：用户分享推荐

用户自发分享是企业家 IP 影响力进一步扩大的关键驱动力。分享行为之所以发生，往往源于用户在与企业家互动过程中获得的独特价值体验。这可能源自企业家的创新思维、卓越领导力、社会责任感，或是其个人经历所传递的鼓舞人心的力量。例如，一位致力于可持续发展的企业家，通过推出环保产品和倡导绿色生活方式，吸引了一批关注环保事业的用户。这些用户因为认同其理念而主动将其个人 IP 分享给身边的人。

在分享的过程中，社交媒体成为用户最常用且高效的工具。随着社交媒体平台的普及，信息得以在极短的时间内迅速传播至广泛的受众群体。用户可以通过文字、图片、视频等多种形式，展现自己对企业家的赞赏和支持。一个精心制作的分享内容，往往能引发连锁反应，吸引更多人的关注、点赞、评论和转发，从而进一步扩大企业家的影响力。

以科技领域的某位企业家为例，他凭借对技术的深刻理解和对未来趋势的准确预测，在行业内树立了权威形象。他的粉丝在社交媒体上分享了他的一场精彩演讲的视频，并附上自己的感悟和对其观点的认同。这个分享迅速在科技爱好者的圈子里传播开来，吸引了更多人对这位企业家的关注，进而扩大了他在行业内的影响力。

用户的分享不仅能够扩大企业家个人 IP 的传播范围，还能够增加其可信度和亲和力。与企业官方发布的宣传信息相比，用户的分享往往更具说服力。因为这是真实的用户体验和感受，没有商业宣传的色彩，更容易被潜在用户所接受和信任。当多个用户都分享同一位企业家时，会形成口碑效应，让更多人对这位企业家产生好奇和好感。

此外，用户的分享还能给企业家带来更多的合作机会和资源。当企业家的个人 IP 在更广泛的人群中得到认可时，其可能会吸引潜在的合作伙伴、投资者或者优秀的人才。这些新的资源和机会将进一步推动企业家事业的发展，形成良性循环。

然而，要激发用户的分享意愿，企业家需要不断努力提升个人 IP 的品质和吸引力。这意味着企业家要持续输出有价值的内容，保持与用户的良好互动，积极回应社会关切，树立正面的社会形象。同时，企业家也可以通过设置奖励机制、举办分享活动等方式，鼓励用户更积极地参与分享。

例如，一位教育行业的企业家经常在社交媒体上分享教育心得和学习方法，与用户进行在线交流并为用户答疑。为了鼓励用户分享，他定期举办"最佳分享者"评选活动，为优秀分享者提供免费的课程或学习资料。这有效地激发了用户的分享热情，使得他的个人IP在教育领域得到更广泛的传播。

总之，用户的分享行为对企业家个人IP的传播和影响力的扩大具有不可忽视的作用。企业家应当重视与用户的互动和沟通，不断提升个人IP的魅力，以激发更多用户的分享意愿，从而在更广阔的舞台上展现自己的风采。

4.2　两大传播方式：主动传播＋被动传播

企业家个人IP的传播方式主要有两种：主动传播与被动传播。主动传播是企业家通过精心策划与创作高质量内容，吸引并激发用户的兴趣与共鸣，从而促使他们主动参与IP传播。被动传播则不依赖企业家的直接推动或干预，而是依赖企业家自身的成就、独特的价值观及在社会上的影响力，自然而然地吸引公众的关注与讨论。主动传播与被动传播并非孤立存在，而是相辅相成、相互促进的关系。两种传播方式协同，能够推动企业家个人IP广泛传播和持续发展。

▶ 4.2.1　主动传播：优质内容吸引用户主动传播

在IP传播方面，企业家应打造优质内容，以吸引用户主动传播。

优质内容往往有三个特点，如图4-2所示。

图4-2　优质内容的三个特点

（1）具有深度和专业性。优质内容不是停留在表面，而是深入分析行业趋势、解读市场动态，为用户提供有价值的见解和信息。

（2）具有创新性和前瞻性。优质内容能够引导用户跳出常规思维，激发用户对未来进行思考。

（3）具有真实性和亲和力。优质内容能够使用户感受到企业家的真诚与人格魅力，拉近企业家与用户的距离，使得内容更容易被接受和传播。

案例 4-2 李想与理想汽车

作为理想汽车的创始人，李想通过社交媒体和公开场合的精彩分享，成功吸引了众多用户的关注，促使他们主动传播其个人 IP 和理想汽车品牌。在阐述理想汽车的产品理念时，李想并不是简单地罗列产品特点，而是深入阐释其背后的设计哲学和用户需求洞察。

例如，在谈到理想汽车旗下产品"理想 ONE"时，李想提道，产品的关键力量在于为用户提供一套超越预期的解决方案，让用户感受到自己被理解。

李想坦言，自己年轻的时候喜欢开快车，而有了家庭、孩子后，"追风"的快感就远没有一家老小的安全重要了。他把摩托车换成了 SUV，开车接孩子上下学。在学校门口，李想发现，上下学时段非常拥挤，孩子上下车的速度必须快，而常规 7 座的 SUV 需要扳下第二排座椅，再让孩子上下车，这无疑增加了停留时间。

因此，改版之后的理想 ONE 就取消了 7 座，改为 6 座布局，座位之间的中央通道也很宽敞，便于孩子上下车。同时，李想也提道，对家庭用户来说，自驾出行最担心的就是里程不足，需要找充电桩充电。为了解决这一问题、增强用户的安全感，理想 ONE 采用一块 40.5 kW·h 的大电池，结合增程方案，续航里程超过 1 000 千米，进而打消了用户的里程焦虑。

不难看出，李想将自身在家庭中的价值体验，移植到理想汽车的产品理念中，不仅让用户对理想汽车的优势有了更全面的了解，还让他们深刻感受到品牌内在的价值追求。

在技术创新方面，李想详细介绍了理想汽车在自动驾驶、智能互联等领域的探索和突破。他用通俗易懂的语言解释复杂的技术概念，使非专业的用户也能感受到理想汽车在技术上的领先地位和不断进取的精神。

例如，在谈到自动驾驶时，李想提道，妻子虽然会开车，但连续好几年出现剐蹭情况，即使自己和她分析了下一次怎样才能不剐蹭，还是没有什么作用。直到后来，自己给妻子报了一个驾驶培训的初级班，系统地学习了之后情况才有所好转。

借由这个故事，李想引出了自己对自动驾驶的思考——研究自动驾驶技术，不能光靠人力，每天不停地去调试各种各样的边缘场景（corner case），而是要从根源上提升 AI 的能力，包括端到端技术、VLM（Visual Language Model，视觉语言模型）等。

正是由于李想分享的内容兼具深度、创新性和前瞻性，同时又很真实，因此吸引了大量用户。出于对理想汽车的期待和对李想个人理念的认同，这些用户主动在自己的社交圈子中传播李想的观点和理想汽车的品牌故事。他们通过发布社交媒体动态、参与汽车论坛讨论、与朋友交流等方式，将李想的优质内容传递给更多的人。

用户的主动传播会引发滚雪球效应。越来越多的人了解到李想和理想汽车，其品牌知名度和美誉度不断提升。这不仅吸引了潜在消费者的关注，也为理想汽车吸引了优秀的人才、合作伙伴和投资者资源。

优质内容是吸引用户主动传播企业家个人 IP 的核心力量。通过持续输出高质量的内容，企业家能够在用户心中树立起专业、创新、有远见的形象，激发用户的传播热情，从而实现个人 IP 的广泛传播和企业的长远发展。

▶ 4.2.2 被动传播：传播内容对用户有利

企业家个人 IP 的被动传播，即无须刻意的营销与推广，仅凭借个体的行为、作品或价值理念的输出，便能自然而然地吸引他人的目光并促发传播。当企业家能够给用户带来实质性的利益时，他的个人 IP 便会被动传播。

以教育领域的杰出代表李永乐为例，他原本只是一名普通的中学物理教师，然而，他凭借对教育的热情和对知识的执着追求，在课堂之外，通过网络平台免费分享一系列深入浅出、生动有趣的物理知识讲解视频。这些视频展现了李老师深厚的学术功底，其以独特的讲解方式吸引了无数学生和物理知识爱好者的关注。

对于广大学生而言，李永乐的视频内容无疑是宝贵的学习资源，不仅帮助他们更轻松地理解和掌握物理知识、提高学习成绩，还在潜移默化中提升了他们的知识素养和科学兴趣。这种以知识分享为核心、真正对用户学习和成长有益的内容，赢得了用户的广泛赞誉和自发传播。

在李永乐的带动下，越来越多的人开始主动分享他的教学视频，形成了强大的传播效应。李永乐也因此成为教育领域的知名 IP，其影响力不仅局限于课堂之内，还扩展到更多领域。

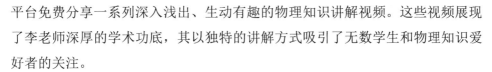

案例 4-3　小约翰可汗与《奇葩小国》

在知识科普领域，B 站（哔哩哔哩弹幕视频网）UP 主 @ 小约翰可汗（以下简称"小约翰"）是典范。小约翰的主攻方向是军事和历史。其个性化之处通过系列视频《奇葩小国》展现出来。一方面，《奇葩小国》关注那些鲜为人知的第三世界国家，如冈比亚、瑙鲁、贝宁、布基纳法索等。通过讲述这些小国"奇葩"的近代历史，小约翰成功吸引了一批非历史爱好者的关注，也使更多人关注那些几乎被遗忘的国家与苦难的人民。

另一方面，小约翰本人来自内蒙古通辽市。在《奇葩小国》系列中，小约翰将通辽作为一种测量工具，使观众更为直观地了解到小国的面积和人口。例如"阿尔巴尼亚只有半个通辽市大，人口还没有通辽多""（贝宁）差不多两个通辽"等。

凭借幽默风趣的语言和独特的视角，小约翰让原本枯燥的历史知识变得生动有趣。观众在观看过程中收获了知识与快乐，对历史产生了浓厚的兴趣。部分中学历史老师还会在课堂上放映视频片段，以增添课堂乐趣，吸引学生注意。

在小约翰持续不断的知识输出中，通辽与其个人 IP 迅速绑定，视频配乐被网友戏称为"通辽进行曲"，视频合集被称作"通辽宇宙"。而小约翰的各种金句，诸如"可持续性地竭泽而渔""君主离线制"等更是得到了观众的广泛传播。由此，小约翰的个人 IP 在 B 站知识区脱颖而出，吸引了大批忠实的粉丝。

这些实例清晰地揭示了一个现象：当个体所创造的价值能够精准地满足用户需求、有效地解决用户问题，或给用户带来切实的利益时，其个人 IP 便会在不经意间实现被动传播。这种传播模式并非依赖庞大的营销攻势或广告投入，而是建立在用户深度认可与自发分享的基础之上。

企业家个人 IP 的被动传播对用户和企业家本身都具有重要意义。对于用户而言，他们能够获得有价值的内容和帮助，问题得到解决或者需求得到满足。对于企业家来说，个人 IP 的被动传播不仅能够提升他们的知名度和影响力，还能够给他们带来更多的发展机会和资源。

4.3 放大价值：打造传播亮点

在传播个人 IP 的过程中，企业家可运用多种方式，如提炼语言钉、打造视觉锤、讲述生动的故事等，以打造传播亮点，从而放大个人 IP 的价值。

▶ 4.3.1 提炼金句：打造自身语言钉

语言钉不是口头禅，而是能够体现企业家独特观点、个性、价值的个人语录或金句。例如，王健林的"定个小目标，挣他一个亿"，西贝莜面村创始人贾国龙的"闭着眼睛点，道道都好吃"，雷军的"为发烧而生"等。这些语言钉与企业家本人紧密联系在一起，消费者听到这些话时，就会想到对应的企业家。同时，由于这些语言钉足够独特，引起了许多媒体和消费者的广泛传播，为消费者提供谈资，消费者在谈论这些语言钉时，也会逐渐加深对王健林、贾国龙等的印象。

简言之，语言钉就是用一句话将企业家的个性展示出来，成为他的标签。当然，语言钉的内容要精心打磨，不能是空洞的话，而应是有针对性、有说服力、有逻辑性的语言。简单明了的语言钉能够加深消费者对企业家的印象，在消费者谈论、传播这一语言钉的同时，企业家的个人 IP 也会随之传播。

企业家应如何打造自己的语言钉？语言钉可以是企业家的理念、价值观等，在对语言钉进行提炼、保证语言钉精简的前提下，企业家还要保证语言钉的独特性，即语言钉要达到一种"语不惊人誓不休"的效果。只有这样，语言钉才会吸引媒体报道、消费者谈论。

同时，语言钉应体现出正确的价值观，这是打造语言钉的基本要求。有的企业家为了追求语言钉的独特性，打造价值观不正确的语言钉，这对企业家个人 IP 的建立和传播都是极为不利的。

语言钉虽然简短，但它所带来的价值是巨大的。语言钉具有强大的传播力和影响力，能够精准地传达企业家的理念、价值观和愿景，帮助企业在消费者心中和市场中树立独特的形象，增加品牌认知度和记忆点。

企业家只要根据自己坚持的理念、价值观等明确自己的语言钉，就能用精练的语言表达个人 IP 的内涵。接下来，企业家要做的就是不断向消费者强化语言钉，让他们记住自己的个人 IP。

▶ 4.3.2　注重形象：以形象打造视觉锤

很多企业家在打造个人 IP 的过程中都会忽视视觉锤。实际上，要成功打造个人 IP，不仅需要语言钉，还需要视觉锤。因为个人 IP 需要能强化语言概念的视觉效果，视觉锤是将语言这根钉子钉入消费者心智的工具，其为个人 IP 创造的可视度远超过文字。

对于企业家来说，打造独特的视觉锤具有诸多重要意义，如图 4-3 所示。

1 提高个人IP的辨识度　　　**2** 增强情感连接

3 具有更强的传播力

图 4-3　企业家打造视觉锤的重要意义

首先，视觉锤能够提高个人 IP 的辨识度。在众多的商业人物中，一个鲜明的视觉形象能够让企业家迅速脱颖而出，与竞争对手区分开来。例如，一位偏爱中式传统服饰的企业家，其独特的着装风格不仅能给公众留下深刻印象，还能巧妙地将自身与传统文化、民族品牌等元素紧密关联，进一步丰富其品牌内涵。

其次，视觉锤有助于增强情感连接。相较于语言，视觉形象往往能更直接、更深刻地触动人心。一个温暖亲切的笑容，或是一个坚定自信的眼神，都能迅速拉近企业家与公众之间的距离，激发公众的亲近感和信任感。

最后，视觉锤具有更强的传播力。在社交媒体盛行的时代，一张吸引人的图片或一段精彩的视频能够在短时间内迅速传播开来，其传播效果远超过单纯的文字描述。

人类的左脑和右脑有着不同的功能，左脑是逻辑处理器，右脑是情感处理器。图像比文字蕴含的感情更丰富。例如，一张孩子的照片比"孩子"这个词更能唤起人们的爱心；即使一部电影和一本书讲了同一个故事，但带给人们更大冲击力的是电影。因此，在进行个人 IP 传播时，企业家要注意视觉锤的作用。

事实上，很多成功的企业家都打造了独特的视觉锤。例如，提起乔布斯，很多人的脑海中会浮现出他身穿圆领衫、牛仔裤的形象。乔布斯十分喜欢这样的穿搭，不仅是因为方便，而且是因为这种固定的穿衣风格就像一种标签，能够加深消费者对他的印象。由于他总是以这样的着装出席苹果发布会和其他各种活动，因此这一套着装成为他的标志，是一种独特的视觉锤。

同样，Facebook 的创始人扎克伯格也有自己独特的视觉锤。扎克伯格偏爱灰色 T 恤、连帽衫和牛仔裤的穿搭，不穿连帽衫时，他往往会穿一件灰色 T 恤。此前扎克伯格公开过自己的衣柜，衣柜中只有灰色 T 恤、牛仔裤和连帽衫。久而久之，这一形象成为扎克伯格的经典形象，成为他深入人心的视觉锤。

乔布斯和扎克伯格的形象都符合他们的个人 IP 定位，都成为他们的视觉锤。企业家可以根据自己的气质、个人 IP 定位，设计与之相符合的视觉锤。例如，企业家想打造"商业精英"的个人 IP，就可以以身着西装的形象示人。为突出自身特色，企业家可以在西装的颜色上和他人作出区分。

不论企业家选择什么样的装扮打造自己的视觉锤，都要长期坚持这一选择。企业家只有长久地以一种形象出现在公众面前，才能一遍一遍地加深公众对自身形象的印象，这一形象才能成为企业家的视觉锤。

4.3.3　讲好故事：创业故事是很好的传播载体

企业家个人 IP 的传播离不开一个引人入胜、情感丰富且具备深刻记忆点的故事。这样的故事并非流水账，而是蕴含了情感、励志元素，能够触动人心，激发人们主动传播的欲望。

企业家身上最值得讲的故事莫过于其创业经历了，如果企业家能够把自己的创业历程打造成一个动人的故事，就能够极大地促进个人 IP 的传播。

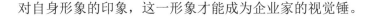

案例 4-4　罗永浩的创业之路

以罗永浩为例，他通过《一个理想主义者的创业故事》的演讲讲述自己的创业之旅，展现创业的艰辛，触动了很多人的心弦，引发了广泛的共鸣。

罗永浩是如何讲故事的？他是如何以故事打动人心的？

1.奋斗的起点不高

为什么奋斗的起点不高可以吸引听众？因为对创业经历感兴趣的听众不是已经功成名就的企业家，而是怀揣创业梦想的普通人。罗永浩的奋斗起点不高，与听众的实际情况更加相符。这样的开场能够为听众创造一个想象的空间：他是怎样在这种境遇下创业成功的？他在这种境遇下可以创业成功，如果我继续努力是不是也可以创业成功？

2.普通之中有不平凡

很多人都在理想和现实的矛盾中挣扎，他们会思考：我要不要辞职去创业呢？我真的可以创业成功吗？这种理想和现实的矛盾是罗永浩与听众都曾经历过的，因此能够很容易地引起听众的共鸣。

在罗永浩的讲述中，他的创业经历可以分为以下几个部分。

（1）少年时代桀骜不驯，"不走寻常路"。

（2）青年时代潦倒叛逆，和社会格格不入。

（3）经过深思熟虑，决定作出改变，开始学习英语。

（4）积累了足够的经验后，离开新东方，向着更加远大的目标前进。

（5）走上充满坎坷的创业之路。

（6）克服困难，取得比较不错的成绩，产品被越来越多的人接受。

在罗永浩的创业经历中，普通与不平凡是兼备的。正因为这样，他的创业经历才有讲的价值。

罗永浩的创业之路并非一帆风顺，他经历了无数的坎坷与挫折。然而，正是这些磨难，让他的故事更加动人、更加真实。他用自己的经历告诉听众：成功并非一蹴而就，而是需要经历无数次的跌倒与爬起。同时，他也用自己的成就向听众传递了希望与信念：只要坚持不懈，总有一天能够迎来属于自己的成功。

在借助故事传播个人 IP 时，励志的创业故事是很好的题材。如今，越来越多的企业家愿意分享自己的创业故事，这不仅可以加深目标人群对企业家的了解，拉近两者之间的距离，还有利于企业家塑造接地气、不怕苦的形象，使个人 IP 得到进一步优化。

▶ 4.3.4 趣味表达："有梗"的表达更有传播性

具有趣味性的个人 IP 更受消费者的欢迎，更容易被消费者记住。很多企业家在讲授复杂的专业知识时，采用幽默的语言，巧妙地融入一些段子和小故事，能够让听众在轻松的氛围中潜移默化地接受他们的观点。

这是一种十分适合个人 IP 传播的形式。趣味性不是单纯的油嘴滑舌，而是一种智慧。趣味性的谈吐不仅要让人在听的过程中捧腹大笑，还要让人在听过之后理解其中深刻的含义。因此，个人 IP 的趣味性表达要有的放矢，要符合消费者的喜好，要让消费者在笑过之后记住这一个人 IP。

📝 案例 4-5 雷军：Are you OK？

提起雷军，人们就会想起他的"雷氏英语"。曾经在印度的一场发布会上，雷军在询问大家对自己的产品是否满意时，一遍遍地向大家询问"Are you OK？"。而其不标准的发音迅速成为热点，在网络上引起了广泛关注。随后，

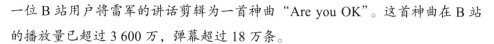

一位 B 站用户将雷军的讲话剪辑为一首神曲"Are you OK"。这首神曲在 B 站的播放量已超过 3 600 万，弹幕超过 18 万条。

对此，雷军没有生气，而是进行调侃。雷军将这首歌加入小米音箱中，只要用户对着小米音箱喊雷军，小米音箱就会马上播放"Are you OK"这首歌。雷军在小米十周年演讲中表示："小米在国际化路上，有坎坷，也有欢乐，2015 年在海外发布会上一次临时安排的招呼，我成了 B 站灵魂歌手。我还没回国，"Are you OK"已经上了热搜，我从此需要到处解释，武汉大学是正规大学，是我自己英语没学好，不是武大没教好。"

在小米的一次新品发布会上，"雷氏英语"重现"江湖"，LOGO 变成"裸狗"，引爆现场的气氛，激发了消费者的购买欲望。新品发布会后，消费者的调侃性评论很多，更有很多消费者因为"裸狗"而购买小米的产品。

雷军的种种行为都表现了其造"梗"的能力。直至今日，雷军和"Are you OK"仍是热门话题，"Are you OK"已经成为一个广为人知的"梗"。

"雷氏英语"是雷军的一个重要标签，体现了他的幽默和娱乐精神。企业家在传播个人 IP 时，也要具有这种娱乐精神，具有造"梗"的能力。任何人都有自己的不足，在面对不足时，企业家无须回避，适当自黑，将其打造成自己的"梗"也是不错的选择。

IP 深化：
加深 IP 在用户心中的认知

企业家个人 IP 深化是企业品牌战略的重要组成部分。企业家要实现这一目标，需要加深 IP 在用户心中的认知。企业家可以通过多种渠道、形式展现自己的独特理念、价值观、人格魅力、专业能力、创新精神、社会责任感等，使自己的良好形象在用户脑海中扎根、深化，进而提升企业的品牌价值与市场竞争力。

5.1 不断重复，深化 IP 的力量

不断重复是深化企业家 IP 力量的有效方式。重复宣传，持续传递品牌理念与价值，能够加深用户对品牌的认知。此外，企业家个人不断在公众视野中曝光、积极参与活动、发表观点等，也能深化用户对其的印象，使企业家的个人形象与品牌紧密相连，进而增强品牌影响力与竞争力，推动企业发展。

▶ 5.1.1 重复宣传，加深用户对企业家的认知

重复宣传能够持续巩固用户的记忆。人类的记忆遵循特定的遗忘模式，但通过持续且规律的重复，宣传能够深入人心，在用户心中留下难以磨灭的印象。例如，一则深入人心的广告反复播放，消费者往往能够轻松地记住品牌和产品信息。对于企业家个人 IP 而言，这一原则同样适用。

反复的宣传能够有效地凸显企业家的核心价值和特质。通过不断地强调企业家的创业精神、领导能力、创新理念及社会责任感等关键属性，用户能够更加明确地识别出企业家的独特之处。例如，一位追求创新的企业家在多种宣传

渠道中持续分享自己的创新思维和成功的创新实例，随着时间的推移，用户提及创新时，很自然地会想到这位企业家。

以杰夫·贝索斯为例，作为亚马逊的创始人，他通过持续不断的宣传，成功地将个人形象和理念深植用户心智。无论是在公司的财报会议、公开演讲还是在媒体报道中，贝索斯始终坚持强调亚马逊对客户至上的执着追求及不断创新和拓展业务边界的决心。这种持续的宣传使得用户对贝索斯的领导力和亚马逊的发展战略有了清晰且深刻的认知。

企业家要想让其 IP 深入人心，一定要重复宣传，迅速占领用户的心智。在具体操作时，企业家可以从以下四个方面着手，如图 5-1 所示。

图 5-1　企业家重复宣传的措施

1.宣传内容重复

宣传内容要始终围绕一个核心，不要试图在一个广告里展示与其 IP 相关的所有信息。而企业家想要做到这一点，首先要有一个清晰的定位。

2.长时间重复宣传

宣传活动需要经过一段时间的积累才可以看出效果。因此，企业家要想占领用户的心智，就要占用用户更多的时间，不断进行价值输出。

3.重复广告中的关键点

企业家 IP 宣传要重点突出一个关键点，这样有利于在有限的时间内，让广告中的关键点高频率地出现在用户面前，最终达到深化用户对企业家 IP 的认知的目的。

4.声音不断重复

对于自己脑海里的声音，用户记忆深刻，甚至能够脱口而出。很多"洗脑"广告就是通过不断重复，让一句广告语在用户的脑子里挥之不去，形成一个声音。

在重复宣传时，企业家应注意两点：一是宣传要实现全网覆盖；二是广告语要有"魔性"，便于记忆。在深化 IP 的过程中，企业家应该明确地向用户表达"我是谁""我的产品为什么对你很重要"，找到可以引发用户共鸣的宣传点，然后不断重复。

企业家不断地通过各种渠道和方式，反复地进行 IP 宣传，能够增强用户对企业家 IP 的记忆和理解。这包括利用广告、社交媒体、公关活动等多种手段，不断地向用户传递信息，提升企业家 IP 的影响力，让用户对企业家有更加深入的了解和认知，从而增强企业家和品牌的吸引力与竞争力。

▶ 5.1.2 个人不断曝光，深化印象

企业家个人 IP 的深化对企业发展、品牌塑造及市场拓展都有重要的意义。通过持续的曝光，深化大众对企业家的认知与印象，是构建强大企业家 IP 的有力手段之一。

企业家主动进入公众视野，借助多样化的渠道和形式，充分展现其独特的魅力、卓越的智慧与领导力，不仅能够有效吸引消费者、投资者及合作伙伴的关注，还能为企业开辟更广阔的发展空间，给企业带来更多商机。

📝 案例 5-1   "国民女神"老干妈

作为"国民女神"，老干妈的创始人陶华碧十分低调，但这并不妨碍其个人 IP 形象红遍大江南北，甚至走出国门。早在品牌创立之初，陶华碧就将自己的照片与姓名印在老干妈的外包装上。尽管在当时来说，这一举动是为了向消费者证明自己的产品货真价实——"谁觉得我的辣酱有问题，靠这张照片就能找到我"。但从实际情况来看，这一朴素的包装将陶华碧的个人 IP 形象带到了全国乃至世界各地，让一代人记住了这一质朴、慈祥的形象。

互联网时代，面对竞争越发激烈的辣酱市场，陶华碧也感受到了危机。于是，在 2019 年的春夏纽约时装周上，老干妈与知名设计师联手，打造老干妈

红色卫衣，让陶华碧的个人 IP 形象进入国际化视野，吸引热衷新媒体的年轻用户群体。同时，70 多岁的陶华碧重回公众视野，接受新华财经专访，讲述自己的经营之道。而老干妈官方旗舰店更是选用其接受专访的画面，当作直播间背景。

通过多年以来持续、直接的形象曝光，结合权威媒体报道与新媒体营销手法，陶华碧成功打出一张"情怀牌"，进一步深化个人 IP 印象，吸引用户注意，帮助老干妈稳固市场地位。

再如印度企业家迪利普·桑哈维，作为太阳制药的创始人，他不仅是企业的灵魂人物，还是推动行业进步的重要力量。在太阳制药飞速发展的过程中，迪利普·桑哈维积极参与国际制药行业的交流与研讨会议，就行业趋势发表独到见解，还分享企业创新成果与未来规划，为行业内外人士提供了深入了解太阳制药技术实力、创新活力及长远布局的窗口。他的每一次亮相，都如同一面镜子，映照出太阳制药在全球制药领域的卓越地位与广阔前景。

得益于他的努力，太阳制药的品牌形象在全球范围内得到了显著提升，不仅吸引了更多合作伙伴的关注，还赢得了广大投资者的信任与支持，为企业的迅猛发展注入了源源不断的动力。

此外，西班牙企业家阿曼西奥·奥特加也是一个很好的例子。他是 Inditex 服装集团的创始人，旗下拥有著名的快时尚品牌 ZARA。奥特加虽然一向低调，但随着 Zara 品牌的全球扩张，他也逐渐增加了个人的曝光度。

通过参与一些商业论坛和活动，奥特加向外界传达了 Inditex 服装集团的时尚理念和商业战略。消费者在了解到奥特加的经营思想和个人魅力后，对 ZARA 品牌的认同感和忠诚度也随之提高。这为 ZARA 在全球快时尚市场中占据重要地位奠定了坚实的基础。

企业家除了直接与媒体和公众互动，还可以巧妙地借助社交媒体进行个人曝光，以增强个人 IP 影响力。以内衣品牌 Spanx 的创始人萨拉·布莱克利为例，她频繁在社交媒体上分享创业历程、产品研发的幕后故事及生活中的精彩瞬间。

她以真诚而亲切的姿态，赢得了众多粉丝的青睐，也让消费者更深入地理解了 Spanx 的品牌精髓和产品价值。通过社交媒体的桥梁作用，萨拉·布莱克利成功拉近了与消费者的心理距离，使 Spanx 的品牌形象深入人心，从而推动了品牌的迅速成长与壮大。

然而，企业家的个人曝光也需要把握好力度和方式。过度的曝光可能会导致消费者审美疲劳，甚至可能引发负面舆论。此外，如果企业家在曝光过程中不能始终保持专业、真诚的形象，也会对个人 IP 和企业品牌造成损害。因此，企业家在进行个人曝光时，需要结合企业的发展战略和品牌定位，制订科学、合理的曝光计划，并且注重内容的质量和价值输出。

企业家借助个人的持续曝光深化公众印象，是塑造独特个人 IP 的一种有效手段。在精准策略的引领下，恰到好处的个人曝光不仅能够有效提升企业家的知名度与影响力，从而为企业创造更多发展契机，还能向消费者传递丰富的价值，实现品牌与市场的共赢。

5.2 打造多维关联，激发 IP 联想

想要实现 IP 深化，企业家可以通过多种方式打造多维关联，激发用户的联想。例如，与名人联动，借助名人效应提升自身影响力；打造多元标签，丰富自身形象，增加如创新、智慧、社会责任等联想关键词；通过跨界合作，涉足全新领域，建立新的认知，从而全方位塑造企业家 IP，给企业发展带来更多机遇和可能。

▶ 5.2.1 与名人联动，光环传递

个人 IP 的深化不仅象征企业家知名度和影响力的攀升，也是他们个人魅力、专业素养及社会责任感的全方位呈现。与名人联动不仅高效，而且充满了创意，为企业家 IP 深化提供了有力支撑。

与名人联动的策略丰富多样，无论是携手参与公益活动、共同推进商业项目，还是在社交媒体上积极互动，都能实现双方品牌价值的相互提升与融合。企业家与在社会、文化、娱乐等多元领域享有盛誉的名人联动，不仅能巧妙利用名人既有的知名度、美誉度及庞大的粉丝群体，还能将名人的光环巧妙转移

至自己身上，进而迅速提升自身的公众认知度和影响力。

以维珍集团的灵魂人物理查德·布兰森为例，他以大胆、创新和冒险的企业家精神闻名于世。他擅长与各界知名人士联动，以深化并拓展个人 IP 影响力。

布兰森与好莱坞明星、顶尖运动员及音乐界的巨星们频繁进行跨界合作与交流。例如，他诚邀知名音乐人共同打造维珍音乐节，这一举措不仅极大地提升了音乐节的关注度和人气，还使得他的个人形象更加丰富多彩、充满魅力。因此，更多原本对维珍集团知之甚少的人开始关注他及他所引领的企业帝国。

案例 5-2　凯文·普朗克：签下库里，开启中国市场

作为顶级运动品牌安德玛的创始人，凯文·普朗克在中国运动市场的名气并不算大，但他手里握着一张王牌——NBA 球星斯蒂芬·库里。作为两次荣获 NBA MVP（Most Valuable Player，最有价值球员）、拿下 NBA 总冠军的超级巨星，库里出色的远距离三分投篮甚至改变了全联盟的战术取向，其粉丝基础与社会影响力可想而知。

因此，针对安德玛进军中国市场的营销活动，普朗克毫无疑问地带上了库里。在北京侨福芳草地的安德玛专营店，库里的到来吸引了近百名粉丝。而普朗克抓住机会，迅速与现场粉丝交流，了解其对产品的感受与需求。他频繁地向现场粉丝表示，安德玛会让用户意识到自己有"超能力"，这种力量并非来自外界，而来自自身的信念。

在重庆万象城内，库里的明星光环吸引了千余名粉丝，而普朗克也享受到属于自己的明星待遇，在他出场时，全场掌声雷动。活动结束后，普朗克还进入安德玛门店，与每位员工握手，感谢他们为安德玛的付出。

这次成功的中国行也让普朗克受到了主持人杨澜的专访邀请。通过权威媒体，普朗克详细讲述了自己的品牌理念与对用户的独特理解，提升了自己在中国市场的知名度，让更多人知道了凯文·普朗克这一名字，以及他身上积极向上、勇于挑战的运动精神。

法国奢侈品巨头珑骧在其首席执行官尚·卡士格兰的引领下，携手业界知名艺术家隆重推出限量版艺术联名系列。这些艺术家杰出的创造力、卓越的艺术才华和别具一格的审美视角，为珑骧品牌注入了鲜活的艺术基因与深厚的文化内涵。

通过与艺术家密切合作，尚·卡士格兰巧妙地将珑骧从传统皮具品牌的定位中解放出来，赋予其独特的艺术价值与文化底蕴，使其蜕变成时尚界的一颗璀璨明星。同时，这一举措也让尚·卡士格兰的企业家形象更加丰富多彩，使其充满了浓厚的艺术气息与文化魅力。

在与名人联动时，企业家需要注意一些问题。

首先，合作的名人形象和价值观应与企业家及企业的品牌形象和价值观相契合。如果合作双方在形象和价值观上存在冲突，不仅无法实现光环的传递，反而可能对双方的声誉和形象造成损害。

其次，联动活动应具有一定的深度和持续性，仅是表面上的合作或一次性的互动很难产生长期的效果。

最后，企业家在借助名人光环的同时，也需要不断提升自身的能力和素质，以确保承载和延续名人光环带来的影响力。

企业家与名人联动无疑是一种富有智慧的共赢策略。借助与名人的紧密合作，企业家能够有效提升品牌的社会影响力和认可度，从而推动个人 IP 的迅猛崛起和跨越式发展。与此同时，这种联动也为名人开辟了更多的商业化路径，吸引了更多潜在的合作伙伴，真正实现了双方互利互惠、携手共进的良好局面。

▶ 5.2.2 打造多元标签，增加IP联想关键词

一个强大的个人 IP，无疑能够显著提升企业家的影响力和知名度，进而给企业带来更多商业机会和资源。精心打造多元化的标签，以及增加与 IP 紧密相关的联想关键词，是深化企业家个人 IP、丰富其内涵的有效手段。

多元标签可以是企业家在不同领域和层面所展现的独特特点、卓越能力和显著成就，能够为公众了解企业家提供更全面、深入的视角。而 IP 联想关键词是人们提及企业家时脑海中迅速浮现的标志性词汇，它们构建并提升了企业

家在公众心目中的独特形象与崇高地位。

例如，星巴克中国的掌门人王静瑛在打造个人 IP 时，通过强调自己对咖啡文化的热爱、对品质的执着追求及对中国市场的深刻理解，打造了"咖啡文化传播者""品质守护者""中国市场开拓者"等多元标签。同时，她积极参与各类咖啡文化活动和公益活动，进一步强化了自己的个人形象，使消费者和合作伙伴对星巴克中国的发展充满信心。

在王静瑛的领导下，星巴克中国不断推出创新产品和服务，积极拓展市场份额，成为我国咖啡市场的领军企业。她的个人 IP 与企业品牌相互促进、共同发展，给企业带来了巨大的商业价值。

董明珠作为格力电器的董事长，以果断、坚韧不拔的领导风格而闻名，拥有"铁娘子""营销女王""制造业女强人"等标签。

此外，董明珠积极参与各类社会活动和公益事业，关注我国制造业的发展和人才培养，打造了"中国制造代言人""人才培养导师"等标签。通过这些多元标签和联想关键词，董明珠不仅提升了自己的个人影响力，也为格力电器的品牌建设和市场推广作出了重要贡献。

企业家应如何打造多元标签、增加 IP 联想关键词呢？其策略如图 5-2 所示。

图 5-2　企业家打造多元标签、增加 IP 联想关键词的策略

1.明确个人定位和核心价值观

企业家需要明确自己的个人定位和核心价值观。这是打造个人 IP 的基础，也是所有标签和关键词的根源。如果企业家致力于推动环保事业发展，那么"环保倡导者""绿色企业家"就可以成为其标签和个人 IP 联想关键词。

2.结合专业领域和兴趣爱好

企业家可以将自己的专业领域和兴趣爱好相结合，打造出独特的标签和 IP 联想关键词。例如，一位深耕人工智能领域的企业家同时也是一位摄影爱好者，那么"AI 专家""摄影达人"就可以作为其标签和 IP 联想关键词。

3.展示个人风格和性格特点

个人风格和性格特点也是打造多元标签的重要因素。如果企业家幽默风趣、亲和力强，那么"幽默企业家""亲民老板"等标签就可以使其个人形象更加生动、接地气。

4.参与社会活动和公益事业

通过积极参与社会活动和公益事业，企业家能够树立良好的社会形象，形成"社会责任践行者""公益慈善家"等标签，提升个人 IP 的价值和影响力。

通过精心构建多元化的标签和 IP 联想关键词，企业家能够塑造出更为丰富、立体且深入人心的个人形象，进而提升自身的影响力和知名度，给企业的发展带来更多机遇、创造巨大价值。

▶ 5.2.3 跨界合作，在全新领域建立认知

在当今这个多元且充满机遇的商业环境中，很多企业家持续探索新方法以扩大他们的影响力并深化个人 IP。其中，跨界合作变得日益流行且成效显著，其允许企业家在全新的领域内建立知名度，并展示多方面的才华与领导力。

通过跨界合作，企业家能够跨越传统行业界限，与来自不同领域的伙伴携手，共同创造新的价值。对于企业家而言，这不仅是拓展业务范围、开辟新市场的良机，也是塑造独特个人形象、丰富个人 IP 内涵的重要途径。

以一位深耕传统制造业多年的企业家为例，他凭借在该领域的丰富经验和卓越成就赢得了良好的声誉。为了进一步深化个人 IP 并打破行业壁垒，他决定与一家新兴科技公司展开跨界合作。合作的目标是将尖端科技融入制造生产流程，以提升效率和产品质量。

在合作过程中，这位企业家主动学习并吸收科技领域的知识与理念，与科技团队紧密协作，共同开发创新解决方案。通过参与项目的各个阶段，他展现

了卓越的学习能力和适应变化的勇气。这种积极主动的态度不仅给合作项目带来了成功，也让他在科技界赢得了认可。

公众开始认识到，这位企业家不仅在传统制造业领域是专家，也是一位具备创新思维和开放视野，能在科技领域大展拳脚的领导者。他的个人 IP 因此得到了显著的深化和拓展，不再局限于制造业领域。

那么，跨界合作具体应该怎么做呢？企业家可以从以下几个方面入手。

1.目标群体

2020 年 5 月，良品铺子总裁杨银芬与演员刘敏涛实现跨界合作，共同出现在抖音直播间。在直播过程中，杨银芬区别于以往雷厉风行的形象，以"爸爸的代表"这一身份出镜，讲述了许多有趣的家庭故事。而刘敏涛则以"妈妈的代表"这一身份出镜，在介绍产品的过程中唱儿歌、讲小故事等。

杨银芬和刘敏涛分别作为"爸爸的代表"和"妈妈的代表"，所面向的都是"孩子的家长"这一目标群体。共同的目标群体是二者进行跨界合作的基础。

在进行跨界合作时，企业家应该注意双方要有相同或相似的目标群体。

2.渠道

在进行跨界合作时，选择合适的渠道也十分重要。当下直播行业发展火热，很多企业的主播都与明星合作宣传产品。直播是企业家跨界合作的一个非常不错的渠道。除此之外，如果企业家有一定的背景和社交资源，那么可以与相关领域的专家共同参加电视节目或出席活动，这样也能够促进个人 IP 推广，实现跨界营销。

3.内容

输出内容的一致性也是企业家在进行跨界合作时应该注意的要点。2020年 5 月，蔚来汽车 CEO 李斌走进主持人汪涵的直播间，与汪涵共同推广蔚来 ES6。在直播过程中，李斌与汪涵从制造汽车的初心谈到新能源汽车的优势，共同输出了高价值内容。

企业家跨界合作将衍生出更多可能性，许多企业家都通过跨界合作打造、宣传及深化个人 IP，从而提升自己和企业的影响力与知名度。

5.3 精进：个人 IP 锤炼与优化

企业家个人 IP 的锤炼与优化是一个持续且系统的过程，这不仅需要深入地理解市场趋势和消费者需求，也要精准把握行业脉搏，将个人 IP 与企业发展紧密相连，实现二者的同步提升。在这一过程中，企业家应不断地进行自我革命，勇于突破固有的思维框架，积极探索与实践，通过持续的学习与创新，丰富个人 IP 的内涵，提升自身影响力和吸引力。

▶ 5.3.1 强化个人风格

拥有独特个人风格的人，往往能在人群中脱颖而出，展现出更高的辨识度。雷军就是一个很好的例子，他以"劳模"的形象成功塑造了自己的独特风格。

在一场演讲中，雷军以"一往无前，致敬过去、现在、未来每一位不惧考验，选择'向前'的人"为主题，深情回顾了小米公司的创立与发展历程。他不仅在演讲中分享了小米的成长故事，还发布了令人瞩目的新品，引发了广大粉丝的热烈反响。

小米公司能够取得今天的辉煌成就，离不开雷军的不懈努力和坚定信念。他的个人风格不仅为小米公司注入了独特的魅力，也为整个行业树立了榜样。

作为一位资深的手机爱好者，雷军涉猎了很多款手机，其微博上公开的手机型号便已超过百款。自小米公司创立以来，雷军更是展现出对自家产品的深厚情感，曾在短短一年内亲自体验了十几款小米手机，成为小米公司内部的首席测试员。

小米公司初创时，雷军便给自己贴上"手机发烧友"的标签。从这一特殊群体的角度出发，他坚定地宣告，小米公司的使命便是为广大消费者提供性价比卓越的产品。

小米公司后来迅速崛起，营业额破千亿元大关。取得这一成就，华为历经了 21 年的努力，苹果用了 20 年，腾讯则用了 17 年，而小米公司仅用时 7 年。这一辉煌成就的背后，离不开雷军的不懈奋斗。雷军的工作热情令人钦佩，他经常深夜才离开办公室，午饭拖到下午才吃，晚餐更是推迟到晚上十一二点，这种勤奋和专注也激励着员工充分释放自己的力量。

雷军曾引用稻盛和夫的话："除了拼命工作，世界上不存在更高明的经营诀窍。"创业不是一件简单的事情，一个成功的企业家也不是很容易就能造就的。从金山软件到小米科技，各个项目雷军都亲力亲为。当年为了进军游戏市场，他甚至还通宵玩游戏测试产品质量。

对于小米之家的开业工作，雷军都是积极参与，更不用说小米手机的发布。每次小米手机发布前，他都亲自为手机代言。他会累吗？当然会，但他乐此不疲，因为他是为了自己的信念和梦想而奋斗，他愿意为了公司奉献自己，以创造更大价值。

雷军的勤奋不是感动自我的"廉价"勤奋，而是由心中坚定信念驱使的一种宝贵精神。所以，他成就了金山软件，成就了小米科技，更成就了自己。

大厦不是一天建成的，需要水滴石穿地坚持。成功可以是一项事业，可以是一个爱好，也可以是一个小目标。但无论如何，都需要有认真的态度、拼搏的精神。

▶ 5.3.2　丰满人设：展示自己立体形象

对于企业家而言，完善自己的人设能够增强个人 IP 对消费者的吸引力，有利于流量沉淀。人设是一种通过特定的性格特点、专业技能、价值观等方面的展示，塑造出的具有鲜明个性和魅力的形象。企业家需要根据自身的性格特点、专业技能等打造适合自己的人设。

📝 案例 5-3　张雪峰：实用主义 vs 理想主义

作为苏州峰学蔚来教育科技有限公司的创始人，张雪峰曾凭借视频《7 分钟解读 34 所 985 高校》走红。在视频中，张雪峰对 34 所 985 高校进行了"简单粗暴"的判断，配合夸张的肢体语言与随机出现的幽默段子，让不少观众记住了这位不走寻常路的考研辅导专家。

在此之后，张雪峰通过线下宣讲、线上直播及短视频等形式，为不少"选择困难"的考生与家长指明方向，其以过于直接的实用主义观点，塑造出一个过分犀利、十足专业、让人又爱又恨的个人 IP 形象。

事实上，张雪峰个人 IP 的人设与他自身的性格特点、成长环境及优势技能密切相关。张雪峰的家庭条件一般，他虽然曾经想当主持人，但因为家里供不起，所以没有选择这条路。大学时期，张雪峰就意识到，自己不会从事现在学习的给排水专业，于是开始尝试各种各样的工作——卖书、开饭店、炒股票……终于，他找到了一个自己擅长的领域——考研辅导。

作为从普通家庭出来的"小镇做题家"，张雪峰非常懂得普通家庭的需求。他知道，对于家庭条件一般、学习成绩一般、家长也不太懂得报志愿的学生来说，直截了当地告诉他们不同专业最真实的就业前景有多么重要。

因此，在考研辅导领域，张雪峰的发言非常犀利——"想多挣钱就学理工科""报新闻学就打晕"。尽管有些观点容易"得罪人"，但对于广大学生与家长来说，确实十分受用。

同时，张雪峰也向外界证明，自己的能力并非只停留在嘴上说说。2023 年高招季，张雪峰带领团队审志愿、算数据，每天只睡不到 6 个小时，持续在朋友圈中发布高考志愿填报工作的进展情况，证明自己的能力和努力。

在 2023 年江苏省人民代表大会上，张雪峰提出了关于高中职业规划教育、高考志愿填报的建议，希望让学生能在报志愿之前，就对各个专业、各行各业有充分的了解。他甚至还提出，让高三毕业生先去各行业实习一年，再回来报专业。这种极富理想主义的发言展现出张雪峰对教育事业的情怀，进一步丰满了他个人 IP 的人设。

那么，企业家应如何打造最适合自己的人设？

首先，企业家要寻找自身的辨识度。在打造人设时，企业家要对自己有清楚的定位：我是谁？我的工作是什么？我凭什么让别人喜欢？在思考这些问题时，企业家要发掘出自己有辨识度的几个方面，然后再进一步分析。外表、性格、特长等都可以成为企业家的特点和企业家打造人设的出发点。

其次，企业家要对自己的特点进行大胆挖掘、重复深化。企业家需要投入大量的时间挖掘自身的特点，对自己的每一个特点都要进行大胆的尝试，最终选出让人印象最深刻的特点。企业家确定这个特点后，还需要不断深化，通过反复展示，让这一特点在消费者心中生根发芽，形成鲜明的个人标签。

再次，在结合自身特点确立人设时，企业家还要充分考虑消费者的需求，不能选择与消费者偏好相偏离的人设。如果企业家无法选定自己最突出的人设，那么也可以根据消费者的需求确定人设。

最后，企业家要长期坚持自己的人设。企业家一旦确立了人设，就不能随意更改，长久地输出同一个人设才能够在消费者心中留下深刻的印象。为了长期坚持人设，企业家每一次进行内容输出，都要考虑内容是否与自己的人设相符。持续输出与人设一致的内容可以逐渐强化消费者对企业家的印象，使企业家与消费者之间的关系更加牢固。

▶ 5.3.3　事件输出：巧用热点流量

巧用热点流量进行事件输出，是深化企业家 IP 的有力武器。

2021 年，河南遭受暴雨灾害时，鸿星尔克在自身经营状况并不乐观的情况下，毅然捐赠了大量物资和款项。这一善举被网友发现后，迅速在网络上形成热点事件。其总裁吴荣照及时借势，通过社交媒体表达了对灾区人民的关心和支持，以及企业的社会责任担当。他的真诚和朴实打动了无数网友，使得鸿星尔克品牌热度飙升，吴荣照的企业家 IP 也得到了极大的深化，消费者对鸿星尔克的品牌认同感和忠诚度大幅提升。

企业家巧借热点进行事件输出可以成功吸引用户的关注，引起用户的共鸣。但是，在使用热点引流的过程中，企业家要注意几个问题，如图 5-3 所示。

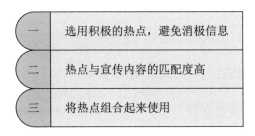

一	选用积极的热点，避免消极信息
二	热点与宣传内容的匹配度高
三	将热点组合起来使用

图 5-3　企业家使用热点引流过程中应注意的问题

1.选用积极的热点，避免消极信息

积极的信息能给人们带来鼓励，使人们的心情更加舒畅、愉悦。相反，消极的信息会让人心烦意乱，甚至萎靡不振。显然，人们更愿意关注积极的信息，而忽略消极的信息。所以，要想借助热点达到引流的目的，企业家需要对热点事件的性质进行判断。这既是对自己负责，也是对用户负责。

2.热点与宣传内容的匹配度高

企业家要时刻铭记，借助热点的目的在于为自己的产品引流。所以，在选用引流热点的时候，企业家要注意热点与产品及宣传内容的匹配度。如果热点与产品之间存在强烈的关联性，消费者在看到热点时能自然而然地联想到产品，形成正向关联，那么这样的热点便是理想的选择。相反，如果精心挑选的热点与产品相去甚远，即便制作成宣传信息，也难以产生有效联系，这样的努力无异于徒劳，应当避免。

3.将热点组合起来使用

有时候，单用一个热点的说服力不够强。所以，企业家可以找出多个同类型的热点，将它们组合起来使用，这样能增强宣传内容的表现力和说服力。从更深的层面来看，这样还能坚定潜在消费者的购买意愿，促进转化。

选取多个热点事件时，企业家需要注意两个方面：一是各热点之间要有共性；二是在排列各热点的顺序时，要注意各热点之间的逻辑关系。缺乏共性的热点就犹如一盘散沙，将它们放在一起毫无意义可言。有共同之处的热点才能起到增强说服力的作用。另外，按照一定的逻辑顺序对热点进行排列，既能增强宣传内容的思辨性，也能体现企业家的专业素养和思维深度。

热点本身就是人们关注的焦点问题，所以其自带流量。企业家借助热点传播个人 IP，其实就是在吸引热点本身的流量。这不得不说是一种非常巧妙且省心省力的引流方法。

▶ 5.3.4　情感表达：实现长久情感互动

企业家需要和消费者保持有效的情感互动，这样才能增强消费者对企业家的黏性和信任，有利于促进企业家个人 IP 传播。具体而言，企业家需要做好

以下几个方面。

首先，企业家应深入洞察并精准把握消费者的需求，并将这些需求转化为实际的产品或服务。消费者的需求是企业与消费者建立情感连接的桥梁，因此，企业家应高度重视并充分了解消费者的真实需求、消费者对产品的意见及对服务的满意度。

了解消费者的需求以后，企业家还要想方设法满足其需求。例如，消费者想要一款全面屏手机，那么企业家就要对这一需求足够重视，可以督促研发部门尽快研发出全面屏手机，然后再根据市场现状制定相应的营销策略。

其次，企业家应关注消费者的反馈，对消费者提出的产品问题给予重视并承诺尽快解决，同时阶段性地向消费者汇报问题处理的进度，以增强与消费者之间的情感互动。当消费者提出的需求被满足后，他们就会和企业家产生更深的情感。

最后，在与消费者互动时，企业家应站在消费者的立场上思考问题，输出价值观正确的内容。如果企业家的观点和消费者的观点相悖，或者传递了不正确的价值观，则有可能引发消费者的反感和抵制。这样的互动无法增进双方的情感交流，甚至会对企业家个人 IP 传播造成不良影响。

通过持续的情感互动，企业家能够显著提升消费者对个人 IP 的忠诚度和信任感。这种情感上的连接将促使消费者在面对众多选择时，更倾向于选择企业家推销的产品和服务。此外，这种情感连接还能为企业家个人 IP 的传播提供坚实的基础，其个人 IP 会更具影响力和吸引力，能够吸引更多人的关注和认同。

星巴克创始人霍华德·舒尔茨对咖啡怀有深厚的情感，并将这份热爱注入星巴克的产品与文化之中。他不懈追求咖啡的卓越品质，致力于给顾客带来无与伦比的咖啡体验。他亲自参与咖啡的采购和烘焙过程，确保每一杯星巴克咖啡都能达到公司的严格标准。这种对咖啡的执着与热爱不仅影响了顾客，也赢得了他们对星巴克咖啡品质的信任。

此外，舒尔茨还要求星巴克的员工接受专业培训，以便与顾客进行友好的互动，并提供个性化的服务。员工能够记住常客的偏好，并为他们提供定制化的咖啡建议。这种细致入微的服务让顾客与星巴克之间建立了深厚的情感，更为舒尔茨个人 IP 的传播奠定了坚实的基础。

综上所述，企业家与消费者之间的有效情感互动是一项需要长期投入和持续努力的工作。它要求企业家以真诚、耐心和专注的态度，不断探索和尝试创新的互动方式，以适应市场环境的不断变化和消费者需求的日益多样化。

▶ 5.3.5 优策：医生IP深度运营

优策好医（武汉）医疗管理有限公司（以下简称"优策"）是一家专注于医生 IP 深度运营的传媒公司。公司的创立者是一群怀揣梦想与激情的连续创业者，他们曾在北京的商业战场上摸爬滚打，积累了丰富的经验和深厚的底蕴。出于对家乡的热爱与对医疗事业的憧憬，他们毅然回到武汉，决心在这片熟悉的土地上开启新的征程。

优策聚焦医生 IP 深度运营这一领域，尤其是整形医生的个人 IP 塑造与发展。在这个颜值经济崛起的时代，整形需求日益增长，然而，优秀的整形医生要在众多同行中脱颖而出，除了精湛的医术，个人 IP 的塑造与传播同样至关重要。优策深知这一点，因此全力投入，为合作医生提供从形象包装、内容创作、传播推广到客户管理的全方位赋能。

武汉是全国医疗资源的重要集聚地，汇聚了众多顶尖的医疗机构和专家人才。优策的服务聚焦武汉协和与同济两大知名医院的专家团队。这些专家凭借卓越的医术和丰富的临床经验，早已在业内树立良好的口碑。

优策通过资源整合，运用专业的传媒手段和营销策略，为这些名医量身定制个性化的 IP 推广方案，让他们的专业能力和人格魅力得以更广泛地传播，让名医之名更加熠熠生辉。

同济医院整形外科的刘嘉锋医生因精湛的医术和极高的专业素养而备受赞誉。为了将刘嘉锋医生的专业价值进一步传播与放大，优策为其打造了专属的个人 IP 运营项目。

作为同济医院整形外科的骨干力量，刘嘉锋医生拥有丰富的临床经验和深厚的学术造诣。他擅长各类整形手术，在面部整形、身体塑形等方面有着独特的见解和精湛的技术。

优策深入挖掘刘嘉锋医生的专业优势和个人特点，为他制定了全面的个人

IP 运营策略，通过精心策划与制作，打造了一系列高品质的专业科普内容。这些内容涵盖整形手术的原理、流程、术后护理，以及常见问题解答等，以通俗易懂的方式向大众传递专业的整形知识，提升刘嘉锋医生在整形领域的专业权威形象。

针对社交媒体平台，优策为刘嘉锋医生量身定制了传播方案。通过定期发布专业科普文章、案例分享、患者故事等内容，刘嘉锋医生吸引了大量潜在患者和同行的关注。同时，利用视频平台制作并发布手术过程讲解、患者术前术后对比等视频内容，直观地展示了刘嘉锋医生的手术技艺和治疗效果，进一步提升了刘嘉锋医生的知名度和影响力。

优策秉持一种独特而深刻的理念：公司与医生合伙人不仅是商业上的伙伴，还是事业上的坚实搭档。医生合伙人个人 IP 的深度运营并非一时之功，而是一项需要长期坚持的终生事业。

这需要医生和优策团队紧密携手、齐心协力，在长期的合作中共同成长、共同进步。在这条充满挑战与机遇的道路上，优策始终与医生合伙人并肩前行，为他们提供持续的支持与帮助。

在细分领域的探索中，优策凭借对服务品相选择的精准把握、盈利底层逻辑的深刻理解、市场吞吐量的敏锐洞察，以及对合作中后期市场和商业模式的深度思考与实践，展现出卓越的专业能力和创新精神。优策深入研究市场需求和趋势，精准地为医生合伙人选择合适的项目和服务品相，确保每一项业务都能满足市场的需求和患者的期待。

优策深刻理解盈利的底层逻辑，通过优化服务流程、提高服务质量、拓展客户渠道等方式，实现医生个人 IP 价值的最大化盈利。优策还敏锐地捕捉市场的动态变化，及时调整策略，以适应不断变化的市场环境和客户需求。

优策坚持长期主义的发展理念，深知医生个人 IP 运营是一项需要长期投入与坚持的事业。因此，优策不追求短期的利益和快速的回报，而是以长远的眼光和坚定的信念持续投入资源和精力，不断优化服务品质，提升专业能力，为医生合伙人打造具有持久生命力和影响力的个人 IP。

第6章 / IP 营销：引爆个人 IP 势能

IP 营销不仅能够有效提升企业家个人的影响力，还能为企业品牌发展注入强大的动能，实现品牌价值最大化。通过精心打造并成功运营企业家个人 IP，企业可以激发 IP 的巨大势能，进而吸引更多的资源、人才和合作伙伴，实现蓬勃发展，创造新的商业奇迹。

6.1 备战营销：找到营销方向

企业家备战 IP 营销，关键是要找到营销方向。做好营销前的准备工作是必备前提，包括对自身优势、市场需求、目标受众等的深入分析。同时，企业家还需要对个人 IP 发展进行长期规划，明确发展路径。这样，企业家才能精准定位，引爆个人 IP 势能，将自身价值转化为 IP 影响力，从而在市场竞争中脱颖而出，为企业发展创造更多可能。

▶ 6.1.1 必备前提：做好营销前的准备工作

企业家个人形象与企业品牌发展之间的联系越发紧密，企业家个人 IP 营销逐步成为推动企业成长和构建品牌影响力的重要策略。华为创始人任正非便是一个鲜明的例证，他的辉煌成就背后，离不开个人 IP 的有力支撑。

在进行营销准备工作时，企业家需要充分考虑目标受众的需求和喜好，以及市场竞争环境，确保自己的定位具有独特性和吸引力。

任正非深知自己作为华为领导者的角色和责任，但是他没有将自己定位为高高在上的企业领头人，而是以务实、专注、有远见的企业家形象出现在公众视野。这种定位为华为的品牌形象塑造奠定了坚实的基础。

例如，在面对媒体和公众时，任正非始终强调华为的核心价值观——以客户为中心，以奋斗者为本，长期艰苦奋斗。这种理念的传达，使消费者和合作伙伴对华为的企业文化与发展理念有了更深入的理解，增强了对华为品牌的认同感和信任感。

在经营个人 IP 的过程中，企业家应精心策划，制定详尽的营销策略与计划。这涵盖了对营销渠道的精挑细选、营销内容主题与形式的明确设定，以及营销活动时间节点与预算的精细规划。

任正非对市场和受众需求进行了深入的洞察与分析。他深刻认识到，在全球科技产业竞争日趋激烈的背景下，华为只有持续创新与突破，才能满足消费者对高品质科技产品的渴望。

基于此，华为在研发领域持续投入大量资源，不断推出富有创新性的产品与解决方案。任正非也通过各种渠道，积极向外界传递华为对科技创新的坚定追求和对用户需求的深切关注。对市场和受众需求的精准把握，不仅使华为的产品与服务能更好地满足消费者的期待，也为任正非个人 IP 建设提供了坚实的支撑。

任正非独具匠心，擅长驾驭各种传播渠道与平台，有条不紊地推广华为的企业理念、产品信息与发展战略。无论是华为的新品发布会、行业内的巅峰盛会，还是媒体专访等场合，任正非总能适时地亮相，凭借富有感染力的演讲和深入人心的访谈，将华为的故事与价值传递给公众，构筑起华为品牌的坚实基石。

同时，华为巧妙运用社交媒体、官方网站、企业内刊等多元化渠道，对任正非的观点和见解进行广泛传播与深度推广。例如，任正非的一些内部重要讲话与文章在华为官方渠道发布后，不仅引发了业界的热烈关注与深入讨论，而且显著地提升了华为的品牌影响力与任正非个人的知名度。

任正非凭借一系列精心策划的营销前准备工作，成功塑造了独特的个人 IP，为华为的品牌塑造及企业增长注入了源源不断的活力。对于众多企业家而言，任正非的成功经验无疑为他们提供了宝贵的启示。只有在精心筹划、充分准备的基础上，企业家才能更有效地进行个人 IP 营销，进一步推动企业蓬勃发展，实现持续进步。

▶ 6.1.2　长期维护：营销不可一蹴而就

企业家个人 IP 营销已成为提升企业形象及竞争力的核心策略之一。然而，需明确的是，IP 营销并非短期行为，而是一项需长期投入与精心维护的持续性工作，切忌急功近利。

个人 IP 的构建宛如构筑宏伟建筑，需奠定坚实基础，并在漫长岁月中持续加固、精心雕琢。初期，企业家可能凭借某一成功的商业决策、创新的产品发布或引人注目的演讲树立个人形象，但这仅是起点。在这个日新月异的时代，消费者的偏好、价值观及对企业家的期待均不断变化，如果企业家不能紧跟时代步伐，及时调整并优化个人 IP 定位与传播策略，就很容易被市场淘汰，失去消费者的关注与信任。

要让个人 IP 深入人心、稳固持久，企业家就需要持续不断地努力与精心维护，深化并丰富个人 IP 的内涵。成功的企业家个人 IP 不应仅停留于表面形象塑造，而应蕴含深厚的文化底蕴、强烈的社会责任感及持续创新的精神。通过不断学习新知、拓宽视野、参与社会公益活动等方式，企业家可为个人 IP 注入新的活力与价值，使其更具吸引力与感召力。

📝 案例 6-1　"无穷小亮"的进化之路

作为《博物》（《中国国家地理》青春版杂志）的策划总监，张辰亮以"无穷小亮"之名火遍全网。作为全网粉丝量上千万的科普类博主，张辰亮的出圈源于他丰富、严谨的博物知识，更得益于他对用户需求、偏好的敏锐洞察。

由于曾经担任《博物》官方微博唯一的编辑，还兼任中国国家地理融媒体中心主任，张辰亮深谙用户喜好。他意识到，从学术论文、杂志、微博到短视频，信息传播的渠道一直在变化，简单的知识堆砌很难留住观众。想要科普，就必须有"科"有"普"——既要有准确的专业知识，又要用通俗易懂的语言将知识传递出去，不能陷入自说自话的陷阱。

于是在 2019 年，张辰亮开设了"无穷小亮的科普日常"短视频账号，发布物种鉴定视频。在早期发布的视频中，只有一期国外城市野泳的视频受到了关注，播放量为 1 000 多万次，但这样的题材并不能持续。

之后，张辰亮又拍摄了一期鉴定家中常见的白色小虫——粉螨的视频，一期介绍早春时节北京小区内外常见的花花草草的视频，两期视频都获得了极高的关注度。至此，张辰亮发现了自己擅长、用户爱看的领域：介绍生活中常见但又说不上名字的生物。

2020 年 4 月起，张辰亮开始发布《网络热门生物鉴定》系列视频，介绍世界各地、常见与不常见的花鸟鱼虫、猛禽走兽的物种与习性，同时破除各种假新闻、伪科学。在更新视频的过程中，张辰亮不断揣摩用户心理，调整视频内容与节奏，形成了一个自己的内容营销"套路"。

简单来说，开场白"鉴定一下网络热门生物"说得越快越好，紧接着马上讲解第一个物种，把最漂亮的物种放在首位。然后依次介绍最有趣的物种——趣味性稍弱，但很有必要的事物——新奇的物种——一般性科普（给观众休息的时间）——"硬核"的内容（比如"水猴子"辟谣或其他神秘未知生物，再一次调动观众的注意力）。

凭借这一套方法，该系列视频的播放量常年保持在每期（全网）4 000 万左右，为张辰亮个人 IP 的长期维护立下了汗马功劳。

然而，张辰亮的脚步并未止于此。2023 年，他主持拍摄纪录片《生命奇观•墨脱森林》，带领团队深入西藏墨脱地区，将最为珍稀的中国地理生态呈现在观众眼前。长纪录片进一步巩固了张辰亮个人 IP 的专业性，使其在自然科普领域更具权威，增强了其个人 IP 的感召力。

此外，长期维护个人 IP 还需保持良好口碑与声誉。在信息高度透明的今天，任何负面信息都可能迅速传播，对企业家的个人 IP 造成负面影响。因此，企业家应时刻保持自律，坚守道德与法律底线，以诚信和负责的态度经营企业与个人形象。面对危机事件时，企业家应迅速、坦诚地应对与处理，通过积极沟通与切实行动修复受损的形象。

综上所述，企业家个人 IP 营销是一场持久战而非速决战，需要企业家具备耐心、策略、持续投入与创新能力。只有通过长期维护与精心塑造，企业家个人 IP 才能屹立不倒，为企业发展和企业家个人成功提供不竭动力与支持。

6.2 营销逻辑：营销能够实现信任与影响的扩散

企业家个人 IP 营销的底层逻辑在于实现信任与影响的扩散。想要实现这一目标，企业家可以使用 STEPPS 法则，实现个人 IP 的口碑营销，更好地将个人 IP 传播出去，让受众接受并信任自己。

▶ 6.2.1 个人IP营销实现信任的转移

人与人之间的信任要依靠相互的交集去建立。交集可以围绕生活、工作或者感情产生，交集越多，人与人之间的信任关系就越牢固。

在打造个人 IP 时，将心比心是非常关键的，企业家只有换位思考，才能与消费者建立良好的信任关系，从而获得他们的认可和青睐。一个成功的人通常会把大部分时间用于建立信任关系，其余的时间则用于为自己贴标签，形成外部包装。一般通过 80% 的情感付出，便可以赢得 100% 的信任，从而使个人 IP 变得更加立体。

有人说，现在是一个"用信任换取利益"的时代，这句话虽然有夸张的成分，但映射出一个比较现实的问题——大多数人的内心缺乏信任。如果企业家能够在打造个人 IP 的过程中坚持诚信经营，与他人建立信任关系，那么便能在市场竞争中站稳脚跟。

企业家想要通过个人 IP 营销实现信任转移，就需要进行精心策划和持续努力，如图 6-1 所示。

图 6-1　企业家通过个人 IP 营销实现信任转移的策略

首先，明确并坚守核心价值观。企业家的核心价值观不仅要与企业的使命和愿景相契合，还应与消费者的期望和社会的需求保持一致。企业家的核心价值观只有具备真实性和感染力，才能引起消费者的共鸣，进而构建起信任的基础。

其次，有效的沟通至关重要。企业家需擅长运用多种渠道，如社交媒体、公开演讲、新闻采访等，与消费者进行直接且真诚的互动。在交流过程中，企业家不仅要展现企业的成就和产品的优势，还应分享背后的故事、所面临的困难和挑战，使消费者能够认识到一个真实、立体的企业家形象。

最后，行动胜于言辞。企业家可以通过具体的行动来证实自己的承诺和价值观。这可能涵盖对产品质量的不懈追求、对客户服务的持续改进，以及对社会公益事业的积极贡献等方面。只有企业家的言行相符，信任才能真正地建立并得到加强。

总之，企业家个人 IP 营销是一种强大的战略手段，企业家通过建立信任并实现信任的转移，能够为企业创造巨大的价值。但这需要企业家具备清晰的价值观、强大的沟通能力并付出实际行动。

▶ 6.2.2　STEPPS法则：实现个人IP的口碑营销

要想实现个人 IP 的口碑营销，企业家要找到个人 IP 与受众之间的连接点，通过建立联系，调动受众的联想能力，让他们自觉地对企业家个人 IP 进行二次、三次甚至多次传播，从而引起裂变效应。美国宾夕法尼亚大学教授乔纳·伯杰提出的 STEPPS 法则就指出了构建个人 IP 影响力的方法，可以很好地促进个人 IP 的口碑营销。

1. S：社交货币

社交货币（social currency）是指做出社交行为所必需的条件。社交行为包括寻找谈资、表达想法、帮助别人、展示形象、社会比较；而社交货币则包括提供谈资、帮助表达、提供有用信息、塑造形象、促进比较。

社交货币的五个要素构成了一个循环过程。在这个过程中，企业家要了解并迎合受众的需求，塑造出他们内心渴望的形象，让他们主动追随，从中获得流量和信任。

2. T：促因

促因（trigger）就是建立一个与周围环境相关的专属连接，让人们把内容与生活中的场景联系起来。这样一旦人们在某种环境下遇到相关线索，其就会自然而然地联想到产品和打造产品的人。

3. E：情绪

所谓情绪（emotion），就是企业家需要引起人们的情感共鸣，以情感驱动人们采取行动。人们的情绪有积极、消极和高唤醒、低唤醒之分，如表 6-1 所示。而积极又高唤醒的敬畏、娱乐、兴奋、幽默、正能量等才是企业家需要引导人们拥有的情绪。有些事会激发人们的分享欲望，有些事则会遏制人们的分享欲望，两者之间往往一线之隔。企业家要宣传那些能让人们产生积极情绪的事件，激发人们传播企业家个人 IP 的欲望。

表 6-1　情绪分类

情绪属性	高唤醒	低唤醒
积极	敬畏、娱乐、兴奋、幽默、正能量	满足
消极	气愤、担忧	悲伤

4. P：公共性

公共性（public）是指人们具有模仿心理，这种心理会产生社会影响甚至引发集群效应。但是人们在看到具体内容之前是不会轻易模仿的，这就要求企业家设计具备公共性的产品和内容，以产生更强大的渗透力和影响力。

雷军曾写过一封公开信，名为《小米是谁，小米为什么而奋斗》，很快引起他人模仿，出现众多"回信体"文章，如图 6-2 所示。

雷军的"回信体"文章就是具备公共性的内容。"回信体"的火热，助力雷军制造了行为上的渗透力和影响力，构建了其个人 IP 影响力。

图 6-2　"回信体"的火热

5. P：实用价值

衡量实用价值（practical value）的标准是有没有满足人们的需求，如感情需求、认知需求、猎奇需求、应用需求等。只要企业家的产品或思想对人们有帮助，人们就愿意将企业家介绍给其他人，由此使企业家的个人 IP 传播开来。实用性在个人 IP 传播中显现出强大的生命力。

例如，梁宁的《产品思维 30 讲》没有做很多营销推广，就获得了极大关注，原因就在于其实用性使其具备被分享的价值。在《产品思维 30 讲》中，梁宁提到了一个很新的概念——学习产品思维就是构建人生的底层能力。她把目标群体的痛点和自己的知识产品结合在一起，让自己的产品成为目标群体的刚需，也让自己被更多人关注。

企业家应该明确哪些内容会让人们觉得更有营养和值得信赖。同时，企业家也需要用自己的专业知识帮助人们解决问题，让人们真正地喜欢上自己。

6. S：故事

所谓故事（story），是指人们喜欢听故事。故事不仅能够将某一件事置于某种情境，更重要的是可以帮助讲故事者潜移默化地传递情感。企业家应该精心设计故事的结构、矛盾点、案例，学会在故事中注入产品或个人思想，侧面宣传产品或个人思想。

借助 STEPPS 法则，企业家可以更快速、有效地构建 IP 影响力，实现个人 IP 的口碑营销。

6.3　效能激发：会借势，更要会造势

企业家的 IP 效能激发，借势与造势缺一不可。借势是巧妙利用外部环境的趋势和热点，为自身品牌和形象赋能。然而，仅借势远远不够，企业家还要会造势。企业家可以通过创新思维、精准策划，主动创造话题与机会，展现独特魅力与价值，引领市场潮流，以最大限度地激发 IP 效能。

▶ 6.3.1　消费者心智：个人IP营销的聚焦点

简单来说，消费者心智就是消费者对品牌、产品、企业家个人的认知、感

受和印象的总和。在企业家个人 IP 营销过程中，占领消费者心智意味着让消费者对企业家的个人形象、价值观、专业能力等方面形成深刻的认知和认同，从而建立起信任和情感连接。

消费者心智具有稳定性和难以改变性。一旦消费者对某个品牌或企业家形成一定的认知和情感，其就很难轻易改变。因此，企业家在打造个人 IP 时，需要长期、持续地进行 IP 传播和价值传递，不断强化消费者对自己的认知和信任。例如，海底捞的张勇，通过多年来坚持"服务至上，顾客至上"的经营理念，打造出海底捞热情、贴心、周到的服务品牌形象。

张勇本人也成为这一品牌形象的代表人物，深受消费者的喜爱和信赖。即使在市场竞争激烈、消费者需求不断变化的情况下，海底捞凭借在消费者心智中建立的稳固地位，依然保持强大的市场竞争力和品牌影响力。

了解消费者心智中的需求和痛点是企业家个人 IP 营销的起点。例如，在健康意识日益增强的今天，消费者对健康产品和服务的需求不断增长。如果一位从事健康产业的企业家将自己定位为"健康生活倡导者"，分享专业的健康知识、展示健康的生活方式及推广优质的健康产品，那么他就有可能满足消费者对健康的需求和期望，从而在消费者心智中树立起专业、可信的形象。

以华大基因董事长汪建为例，他一直致力于基因科学的研究和推广，将"基因科技造福人类"作为使命。通过不断向公众普及基因科学知识，分享基因技术在疾病预防、诊断和治疗方面的应用成果，汪建成功地在消费者心智中树立起"基因科技专家"的形象，使华大基因的品牌理念和产品价值得到了广泛的传播与认可。

情感共鸣是企业家个人 IP 营销进入消费者心智的重要途径。消费者的购买决策不仅基于理性的产品功能和价格因素，情感因素同样起着至关重要的作用。一个能够触动消费者情感、引发消费者共鸣的企业家个人 IP，往往更容易被消费者接受和喜爱。

一致性和稳定性也是企业家个人 IP 营销中不可忽视的因素。企业家的个人形象、言行举止、价值主张及企业的产品和服务都需要保持高度的一致性。一旦消费者在心中形成对企业家个人 IP 的认知和印象，任何与这种认知相悖的行为或言论都可能导致消费者的信任度下降，甚至使消费者对品牌产生负面评价。因此，企业家在进行个人 IP 营销的过程中，需要始终坚守自己的定位和价值，以稳定、一致的形象出现在消费者面前。

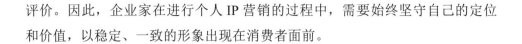

案例 6-2　吴荣照："小吴同学"不是网红

2021 年，鸿星尔克因为 5 000 万元物资的"破产式捐款"爆红之后，董事长吴荣照也从幕后走到了台前。骑着共享单车赶到直播间、找不到直播主镜头、把缝纫机踩得"冒烟"、发视频呼吁大家理性消费……几个动作直接塑造出一个接地气的企业家形象。吴荣照也受到更多网友的关注与喜爱。

尽管微博粉丝数十万、抖音粉丝超过 1 000 万，吴荣照却从来不当自己是网红。在微博、抖音等平台上，他自称"打工人小吴"，发布的内容既有体验门店店员工作、体验客服工作、巡视工厂等工作内容，也有跑步、做汤饺等生活化内容。同时，吴荣照也和评论区的粉丝积极互动，回答大家的问题。种种举动进一步巩固了这个实干型企业家的个人 IP 形象。

而在捐款带来的热度逐渐褪去之后，吴荣照的心里并没有落差。无论是鸿星尔克的产品运营，还是个人的社交媒体营销，吴荣照一如既往，以创业者的心态持续拓宽市场。无论是接受新浪财经采访、参与"一带一路"媒体合作论坛，还是鸿星尔克自己的主题晚会，吴荣照都坚称自己不是网红、代言人，表示要坚持初心，让品牌继续走性价比路线，关注用户需求。

而从实际行动来看，鸿星尔克提高了女性产品占比、增加大码鞋款、推出跨界联名产品、开设大型星创概念店……吴荣照证明了他认真听取用户意见、不忘初心的态度，其个人 IP 受到越来越多的消费者喜爱。

总之，消费者心智是企业家个人 IP 营销的聚焦点。只有深入了解消费者心智，通过满足需求、引发情感共鸣、保持一致性和稳定性等策略，才能占据消费者的心智，实现个人 IP 效能的激发。

▷ 6.3.2　借势：抓住热点时机，输出内容

让个人 IP 营销发挥最大效能的一个有效方法是抓住时机、巧借热点。热

点是近期发生的，并且具有很大影响力的事件。在进行个人 IP 营销的过程中，热点能够给企业家带来更广泛的关注。当下是一个信息爆炸且碎片化非常严重的时代，热点是极其重要的。

企业家应有非常敏锐的眼光洞察热点并抓住时机，还需要懂得顺应大环境，搭上热点的"顺风车"，提升自己的影响力。对于个人 IP 营销而言，抢占时间节点是成功的关键。在借热点营销方面，企业家需要把握以下节点。

1.热点发生前的12小时内

有些热点是可以预测的，在热点发生前的 12 小时之内，企业家需要做好借热点营销的准备工作。例如，历年的"双十一"都是一大热点，如果企业家想借此时机开启直播进行自我营销，那么就需要在"双十一"之前设计好直播内容并多渠道发布直播预告，吸引更多人关注。

2.热点发生后1小时内

热点发生后 1 小时内是借势营销的黄金时期，如果企业家能在这个时期发布与热点相关的海报或文章，则往往会吸引很多人点赞和转发。总之，借势营销越迅速，产生的效果越好。

3.热点发生后6小时内

热点发生后 6 小时内，企业家可以利用创意再做一轮营销。如果这轮营销做得足够好，那么企业家将有机会出奇制胜。

4.热点发生后6~12小时

热点发生后 6 ~ 12 小时，企业家借势营销就很困难了。因为此时仅有创意已经不够了，还要有强大的资源支持。

5.热点发生后12~24小时

如果距离热点发生已经过去 12 ~ 24 小时，那么基本没有借势营销的必要了。因为此时热点已经成为过去式，创新想法层出不穷，借势营销的效果大打折扣。

因此，在借势营销的过程中，企业家要抓住时机，紧扣时间节点，在每个时间节点做好应做的工作。这样才能为个人 IP 赋能，促进个人 IP 的大范围传播。

▶ 6.3.3　造势：打造营销大事件，强化IP

营销大事件往往具有强大的吸引力和传播力，能够迅速吸引公众的目光，并引起广泛的关注和热烈讨论。通过精心策划营销大事件，企业家不仅能在短时间内显著提升知名度，还能塑造独树一帜的 IP 形象。此外，这样的活动还能为个人 IP 的打造和深化提供强有力的支持，助力企业家获得更广泛的认可和影响力。

案例 6-3　董明珠与雷军的"10 亿赌约"

2013 年 12 月 12 日，在第十四届中国经济年度人物颁奖典礼上，董明珠与雷军当场约定，5 年之后，格力与小米要比一比营业额，输的一方要拿出 10 亿元来。时至今日，这一"10 亿赌约"仍为大众津津乐道。

在颁奖典礼现场，董明珠步步紧逼，先是询问现场观众"有多少人在用小米手机"，又批评小米当时的短板——工厂与供应链，紧接着爆出猛料，称雷军在后台对她说，5 年之后小米会超过格力。

眼见董明珠滔滔不绝，雷军也开始反击，双方互不相让。终于，雷军率先提出，5 年之内，如果小米的营业额击败格力，董明珠要输他一元钱。董明珠接过话头，表示要赌就赌 10 亿元。"10 亿赌约"由此诞生。

此后几年，二人并未无视赌约一事，特别是董明珠在各种公开场合频频提及，言谈间充满信心。例如，在"2014 天下女人国际论坛"现场，董明珠提及赌约，表示这是自己做了一夜功课得出的结论，她相信格力会赢，但也希望雷军的品牌能做得更好。

2015 年，董明珠在中山大学演讲时，放言"雷军和我赌，就是一个错误"。2018 年，董明珠接受央视财经采访，表示要请国家审计署评估两家企业，会认真履行赌约。同年 12 月，董明珠在中国企业领袖峰会上单方面宣布格力胜出。

这场轰动一时的"10 亿赌约"激发了无数网友的讨论热情与专家的深入分析。对董明珠而言，"10 亿赌约"展现了其坚定的信念和非凡的商业眼光，进一步巩固了她"铁娘子""女强人"的个人 IP 形象。

而对雷军而言，这场赌约同样给其带来了正面效应。公众在关注赌约的同时，也见证了小米的快速成长与技术创新，更让雷军科技创新者的个人 IP 形象深入人心。

对于企业家个人 IP 打造来说，营销大事件具有重要的意义。企业家可以通过举办产品发布会、进行主题演讲、参与公益活动等形式，打造属于自己的营销大事件。例如，乔布斯在苹果产品发布会上的精彩演讲，吸引全球媒体和消费者的关注。乔布斯通过展示苹果的创新产品和技术，传递苹果的品牌理念和价值，成功地将自己塑造为科技行业的传奇人物，其个人 IP 价值也得到了极大的提升。

比尔·盖茨，这位全球知名的科技巨头和商业领袖，通过创立比尔及梅琳达·盖茨基金会，将他的影响力和资源投入全球公共卫生、教育及其他多个领域的公益事业中。他的慈善活动不仅涵盖了对抗传染病、改善医疗条件、促进疫苗接种等关键公共卫生问题，还扩展到支持教育平等、提高教育质量及推动科技创新等多个方面。这些活动不仅吸引了广泛的社会关注，还赢得了公众的赞誉和尊重。

打造营销大事件是强化 IP 的有效手段。通过精心策划和执行一场成功的营销大事件，企业和企业家可以在市场竞争中脱颖而出，提升品牌知名度和影响力。

▶ 6.3.4 情绪激发：引发用户共鸣

传统的营销强调产品的性能和卖点，消费者也十分重视产品的质量和功能，但随着消费的升级，各类产品的性能趋于完善，高品质的产品越来越多，产品想要凭借高品质脱颖而出变得越来越困难。为了吸引消费者，在保证产品质量的前提下，企业家还需要通过其他因素改善营销策略，而情绪激发就是很好的选择。

情绪对消费者的购买行为有直接的影响。通常情况下，消费者的购买决策过程包括识别需求、收集信息、评价备选项、选择购买和购后评价，而这一系列过程都会受到情绪的影响。在识别需求的过程中，消费者更关注影响自己感

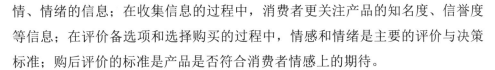

情、情绪的信息；在收集信息的过程中，消费者更关注产品的知名度、信誉度等信息；在评价备选项和选择购买的过程中，情感和情绪是主要的评价与决策标准；购后评价的标准是产品是否符合消费者情感上的期待。

消费者在购买过程中会受到情绪的影响。当消费者存在负面情绪时，其对品牌的认知会十分悲观，难以作出购买决策。而当消费者的情绪是正面的，其就会依赖对品牌的情感、直觉和想象作出购买决策。正面的情绪会使消费者在选择产品时更加积极，更深入地搜索产品相关信息，并基于此作出购买决策。因此，企业家应该重点关注消费者的情绪因素，分析消费者的情绪状态，并对此进行相应的引导。

消费者基本的情绪包括快乐、悲伤、恐惧和愤怒等，不同的情绪会引导消费者作出不同的决策。企业家应促使消费者向往积极的情绪，如高兴、自信等，同时，让消费者回避消极的情绪，如悲伤、愤怒、恐惧等。

首先，企业家可以将个人 IP 和一些让人感到愉快的、积极正面的事情结合起来，时间久了，消费者就会对此形成思维惯性，将正面情绪转移到企业家的个人 IP 上来。华特·迪士尼是迪士尼公司的创始人之一，他打造了迪士尼乐园，给人们提供了一个充满梦想与欢乐的世界。迪士尼乐园的品牌形象始终与奇幻、温馨、欢乐的体验紧密相连，而华特·迪士尼通过迪士尼乐园向外传达他崇尚真善美的个人 IP 形象。

谈及华特·迪士尼时，人们脑海中往往会浮现出那些耳熟能详的经典卡通角色：机智敏捷的米老鼠、脾气急躁却勇往直前的唐老鸭、纯真笨拙的高飞、忠诚而质朴的布鲁托，还有诸如灰姑娘、白雪公主与七个小矮人等令人难以忘怀的动画形象。

其次，企业家可以唤起消费者的消极情绪，为消费者提供问题解决办法。例如，某企业家通过广告强调许多人因不良的口腔护理习惯而面临蛀牙、口臭、牙龈疾病等健康问题，这促使消费者意识到自己可能存在口腔健康隐患，从而产生不安和恐惧的消极情绪。随后，企业家推出一系列高效的牙膏、牙刷和口腔护理产品，并提供专业的口腔护理建议，帮助消费者解决这些问题。

成功的情绪营销分为三步：第一步是挖掘和发现消费者的情绪；第二步是对消费者的情绪进行总结和梳理；第三步是引爆情绪点、点燃消费者的情绪之火。那么，企业家应如何针对不同的情绪做好情绪营销、点燃情绪之火呢？

（1）找到情绪发力点。寻找当前消费者的痛点，以此为核心发力。痛点应该符合当前市场上大多数人的情绪需求，并与现状形成反差，以刺激消费者的情绪。

（2）产品和情绪紧密结合。找到一个很好的情绪切入点之后，就要想办法将产品和情绪结合起来。例如，江小白品牌的创始人陶石泉巧妙地将产品与青春背后的诸多情感——迷茫、友情、爱情等紧密相连。江小白的瓶身文案细腻地捕捉到青春岁月中的情感。例如，"我在杯子里看见你的容颜，却已是匆匆那年""跟重要的人，才谈人生"等。这不仅唤起了消费者在青春时光中的情感记忆，也激发了他们强烈的共鸣。

（3）让情绪更加具体。找到的情绪点不能太大、太空泛，要具体、切合实际，结合情境总结提炼出消费者的情绪特征。这是情绪营销关键的一步。

企业家在进行情绪营销时，一定要学会换位思考，站在消费者的立场上挖掘消费者的情绪，并对此进行加工、总结和引爆。同时，企业家也要重视消费者的情绪和体验，用真诚的情感关怀消费者，不能欺骗消费者、制造虚假卖点，否则不仅会给消费者带来不快，还可能遭到消费者的排斥和抵触。

信息优化：
优化全网个人简介

对于企业家而言，打造个人 IP 已成为提升其影响力、拓展商业版图的关键策略。其中，优化全网个人简介更是重中之重。一份精心雕琢的全网个人简介可以成为企业家的璀璨名片，是他们展示自我形象的关键途径。它不仅静态地概述企业家的历程和功绩，还立体地呈现企业家的专业性和核心价值。

7.1 网站／专栏类简介：实现多维展示

通过精心打造网站或专栏类简介，企业家能够实现多维展示个人 IP。他们可以在上面呈现自己的创业历程、领导理念、行业见解及社会责任担当，全方位地展现自己的独特魅力与风采，以吸引合作伙伴、投资者与潜在客户的关注。

▶ 7.1.1 构建全面画像：身份+人物事迹+所获荣誉

在当今竞争激烈的商业世界中，很多企业家凭借卓越的智慧、勇气和领导力，引领企业不断前行，创造出令人瞩目的成就。企业家可以从身份、人物事迹和所获荣誉三个角度来构建全面画像，不断优化对外传递的信息。

1. 身份

（1）领导者。企业家是企业的领导者，他们肩负制定战略、引领方向、决策重大事务的重任。他们需要具备敏锐的市场洞察力、前瞻性的思维和果断决策的能力，以便在瞬息万变的商业环境中把握机遇，带领企业走向成功。

（2）创新者。在科技飞速发展、市场需求不断变化的时代，企业家还应是创新者，敢于突破传统思维，引入新的理念、技术和商业模式。

例如，苹果公司的乔布斯就是一位极具创新精神的企业家。他推出的 iPhone 手机颠覆了传统手机的概念，开创了智能手机的新时代。乔布斯对产品设计和用户体验的极致追求，使得苹果产品成为时尚和品质的象征。

（3）社会责任承担者。企业家不仅要关注企业的经济效益，还要积极承担社会责任，为社会的发展和进步作出贡献。

比尔·盖茨在创立微软取得巨大成功后，将大量的精力和财富投入慈善事业中。通过慈善基金会，他致力于解决全球范围内的健康、教育和贫困等问题，为改善全球人类的生活质量作出了很大贡献。

2.人物事迹

（1）创业历程。每一位成功企业家的背后都有一段充满艰辛和挑战的创业历程。他们可能从一个很小的想法开始，经历无数次的失败和挫折，最终实现梦想。

（2）关键决策。在企业发展过程中，企业家需要作出一系列关键决策，这些决策往往决定了企业的生死存亡和未来发展方向。

董明珠在担任格力电器董事长期间，果断决策加大对技术研发的投入，使格力在空调技术领域取得了多项突破，提升了产品竞争力，巩固了格力在行业中的领先地位。

（3）应对危机。商业世界充满了不确定性，企业难免会遇到各种危机。优秀的企业家能够在危机中保持冷静，迅速采取有效的应对措施，化危机为机遇。

3.所获荣誉

（1）商业奖项。企业家所获得的商业奖项是对他们商业成就的认可和肯定。例如，"年度最佳企业家""最具影响力商业领袖"等奖项，彰显了企业家在商业领域的卓越表现。

（2）社会荣誉。除了商业奖项，企业家还可能因在社会责任方面的杰出表现而获得社会荣誉。例如，曹德旺因长期投身慈善事业，被授予"中华慈善奖"等荣誉，成为企业家履行社会责任的典范。

（3）行业认可。企业家的专业能力和贡献对行业发展有积极的促进作用，因此企业家也会得到行业的认可和表彰。例如，雷军在智能手机行业的创新成果和卓越成就，使他获得了"中国互联网年度人物"等行业相关的荣誉。

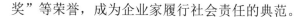 **案例 7-1　美团创始人王兴**

美团官网的"投资者关系"板块中，王兴的简介在 400 字左右，内容可分为三部分。

（1）姓名、年龄、职务与职责。

（2）十几年的创业经历。

（3）获得的学位。

这三部分内容简明扼要，共同构成了一幅多元的领导者画像。姓名、年龄及职务等内容点明了王兴领导者的身份；创业经历的简单罗列证明他拥有丰富的行业经验；获得的学士与硕士学位则从侧面说明了他富有思想力与学习力。

而浏览王兴接受各类采访的稿件可以看出，王兴的创业历程与丰富的思想是其个人画像的高光部分，通常以标题、简介等形式出现在一篇稿件的开头位置。

例如，澎湃新闻发稿《王兴的这 100 条商业思考，解释了他为什么被公认为企业家中的思想家》《美团王兴迎来 44 岁生日，他是一个"深度学习的机器"》。文章开头包含"思想""知识"等字眼，深化其富有思想力的个人 IP 形象。

而网易财经、界面新闻等权威媒体，则着重讲述其创业历程，如《15 年来屡败屡战，从美团王兴身上看创业成功的 6 个标志》，强化王兴"创业者"的个人 IP 形象。

总之，通过从身份、人物事迹和所获荣誉三个角度来构建全面画像，企业家可以更深入地展现自己的成功之道、创新精神和社会责任担当。成功的企业

家不仅为企业创造了价值，也为社会的发展作出了重要贡献，成为激励很多人追求梦想、勇于创新的榜样。

▶ 7.1.2　核心要点：真实性+时效性

在优化网站或专栏的个人简介时，企业家应注意真实性、时效性。真实性构成了个人 IP 的坚实基础，只有呈现真实的信息，才能赢得公众的信赖。人们倾向于与他们认为真诚且值得信赖的企业家建立联系和开展合作，一旦发现信息造假，企业家的信誉将遭受重创，甚至可能造成无法逆转的影响。

诚实地展现个人的经历、秉持的价值观及所具备的能力，有助于目标受众更深入地理解企业家的与众不同之处。这种独特性是企业家个人 IP 的关键因素，有助于企业家在商海角逐中独树一帜、脱颖而出。

无论在何种情境或时间点，企业家都能一致地、真实地展现自我，有助于塑造一个稳定且可靠的个人 IP 形象。为了确保信息的真实性，企业家可以采取以下几种方法，如图 7-1 所示。

图 7-1　企业家确保信息真实性的方法

1.坦诚分享

企业家应当诚实地分享自己的创业历程，既要讲述成功的辉煌，也要讲述艰苦支撑后的失败。这些真实的叙述能够触动听众的内心，使他们感受到企业家的毅力和拼搏精神。

2.明确价值观

企业家应清晰地阐述自己的价值观，并在日常行为和言谈中坚定地体现出来。价值观是构建个人 IP 的基础，真实地表达价值观有助于吸引志同道合的目标受众和商业伙伴。

3.提供准确的信息

企业家应提供准确无误的信息，避免对自身的成就和能力进行夸大的描述或不实的宣传。同样重要的是，企业家应有勇气承认自身的短处和局限。这能够展现出企业家的谦逊和自我认知，从而赢得他人的尊重和信任。

时效性是保持个人 IP 活力的关键，其重要性主要有以下几点，如图 7-2 所示。

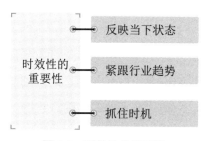

图 7-2　时效性的重要性

1.反映当下状态

企业家及时更新信息，能够让受众了解自己最新的动态、成就和发展方向。在快速变化的商业环境中，时效性强的信息能够展示企业家的敏锐度和适应能力。

2.紧跟行业趋势

通过分享对行业最新趋势的独到见解，企业家能够巩固自己在专业领域的前沿地位。这不仅有助于吸引那些密切关注行业动态的受众，还能进一步提升企业家个人 IP 的专业性和市场影响力。

3.抓住时机

企业家应善于利用当下的热门话题或事件，适时地表达自己的观点和经验。这样能够显著提高企业家个人 IP 的曝光度和关注度，为品牌发展注入新的活力。

为了确保信息的时效性，企业家应当持续地对网站或专业板块进行更新，如分享最新的项目进展、获得的荣誉奖项、参与的关键性活动等。同时，密切关注行业脉动，及时发布对热点话题的深度分析和独特见解，以彰显自身的专业洞察力。此外，积极参与各类行业研讨会、论坛，而后将所汲取的知识精华和亲身感悟及时公之于众，不仅有助于企业家巩固个人专业形象，也能激发读者的共鸣。

以格力电器的董明珠为例，她以坦率无畏的风格而广为人知，在各种场合表达的观点和态度都坦诚直接，展现出她对格力产品的坚定信心和对企业持续发展的执着信念。她还迅速回应市场和消费者关注的议题，以此彰显格力的实力和对市场变化的应变能力。

又如，海尔的张瑞敏致力于将海尔塑造为全球知名的家电品牌。他的个人形象与海尔的企业形象紧密相融。张瑞敏通过不断地推动企业创新管理与战略转型，展示出其卓越的领导力和对行业动态的深刻洞察。他提出的"人单合一"管理模式等创新理念，既体现了他的前瞻性思维，也揭示了海尔在不同阶段的发展策略。张瑞敏适时分享这些理念和实践经验，使外界能及时感知海尔的变革与进步，从而增强了消费者对海尔品牌的认同和信赖。

总的来说，企业家在构建个人 IP、优化信息传播时，应坚持真实性，使目标群体接收的信息真实。此外，强调时效性同样至关重要。企业家需要迅速分享自己的最新成就和专业洞察，以维持个人 IP 的吸引力和创新性。只有将真实性和时效性巧妙融合，企业家才能在网站或专栏中塑造出丰富多元、生动立体且令人信服的个人 IP 形象。

▶ 7.1.3 雷军：完善的百度百科画像

雷军是一位著名的企业家，他在构建个人 IP 方面颇有心得，积累了丰富的经验。他不断优化百度百科词条，以构建全面的画像，向外界展示自己独特且具有吸引力的个人形象。

雷军的个人经历丰富多彩，他在早期就展现出对计算机技术的浓厚兴趣和天赋。他出生于 1969 年，1987 年毕业于湖北省沔阳中学（现湖北省仙桃中学），同年考入武汉大学计算机系。进入大学后，他勤奋学习，将武汉大学所有奖学金收入囊中，还通过给报刊投稿赚取稿费，大二时基本实现经济独立，并在两年内修完大学四年课程。他曾迷上计算机，为了增加上机时间，在武汉电子一条街做兼职。

大学毕业后，雷军的职业生涯始于金山软件公司。1991 年，他因成功破解并完善 WPS 软件而受到求伯君关注，进而加盟金山。1992 年，他主导"盘古组件"计划，但该项目遭遇挫折，销量不佳，使金山陷入危机。不过，雷军并未气馁，1996 年回归金山后，他与求伯君一起带领团队开发 WPS 97，让金山公司起死回生。此后，他在金山历任北京开发部经理、北京金山软件公司总经理、首席执行官等职务，带领金山从一个小作坊成长为具有国际影响力的公司。

2007 年金山软件成功登陆香港股市后，雷军将目光转向天使投资领域，对10 多家互联网企业进行投资，从而深入理解互联网行业的运作模式。2010 年，他创立了小米科技，这是他在科技领域的崭新起点。小米在智能手机市场迅速崭露头角，其产品销量逐年增长。2011 年推出小米手机 1 后，2012 年小米手机的销量跃升至 719 万台，而到了 2013 年，这一数字更是激增到 1 870 万台。2018 年，小米集团如日中天，成功登陆香港主板市场，吸引了全球的广泛关注。

雷军在小米崛起的过程中展现出无与伦比的领导力。他强调产品的性价比，致力于创造"价格合理，触动人心"的产品。这一点在 2024 年 3 月发布的小米首款智能电动汽车 SU7 上得到了淋漓尽致的体现，它彰显了小米在智能电动汽车领域的创新精神和突破性成就。

雷军还善于利用社交媒体和公众平台来塑造个人 IP。他积极参与各种活动并发表演讲，分享自己的创业故事、经验和理念。他的演讲风格平实、真诚，能够引起听众的共鸣。通过积极发声，他不仅让公众更加了解小米公司的发展和产品，也让自己的个人 IP 更加深入人心。

在个人标签方面，雷军给受众留下了实诚、随和、亲民的印象。他经常穿着牛仔裤和衬衫，脸上挂着笑容，偶尔还会自我调侃，比如他的英语曾被网友善意调侃，而他能大方地接受并与网友互动。

雷军非常擅长讲故事。他在演讲中分享了自己在金山公司开发盘古软件的失败经历，以及离开金山后的迷茫，还有创办卓越网的起伏等故事。这些故事不仅真实地展现了他的创业历程，也让人们看到他在面对挫折时的坚持和成长。他从故事中提炼出的思想感悟给他人带来了启发，从而获得了人们更多的信任和追随。

雷军懂得用目标客户的语言和他们交流。在他的视频号等社交媒体账号中，他使用流行的网络用语与年轻人互动。这让他的形象更加贴近消费者，也更容易被目标客户群体所接受。

此外，雷军持续不断地进行内容输出。他通过各种渠道，包括传统媒体和新媒体，以文字、图片、音视频等形式分享关于产品、技术、行业趋势以及个人观点等内容。这种持续的输出让公众能够时刻关注到他和小米公司的动态，进一步强化了他的个人 IP 形象。

雷军的百度百科画像全面地展示了他的身份、人物事迹和所获荣誉等多个维度。他的成功不仅源于其在商业领域的成就，也得益于他在个人 IP 打造方面的努力。通过不断完善百度百科画像以及在各种场合的多维展示，雷军成功地塑造了一个令人尊敬和信赖的企业家形象，这对小米公司的品牌推广和发展起到了积极的推动作用。

7.2 节目／峰会类简介：锚定个人身份，凸显专业

在各类节目和峰会上，一个精准且有力的个人简介至关重要。它是企业家展现自我的窗口，是其与各界精英建立联系的桥梁，更是传递企业价值和愿景的重要渠道。一个好的简介，能够锚定个人身份，让人们清晰地认识企业家的核心特质和角色定位。

▶ 7.2.1 避免罗列职务，强调专业背书

在当今的商业环境中，企业家打造个人 IP 变得越发重要。在节目或峰会上，企业家可以通过个人简介来展示个人 IP。为了避免给人留下过于功利或自负的印象，企业家应避免简单罗列职务，而是强调专业背书，以展现真实、专业且具有深度的个人 IP 形象。

拼多多的创始人黄峥在与外界进行深入沟通、交流的过程中，特别强调

他在电子商务领域所拥有的独特见解和深刻理解。他详细分享了自己对消费者行为的深入研究，如消费者选择商品时的心理活动、购物习惯、价格敏感度等。

同时，黄峥还阐述了他在商业运作中所运用的专业策略和方法。例如，如何通过数据分析优化供应链、如何利用大数据技术提升用户体验，以及如何在激烈的市场竞争中找到差异化的竞争优势。

通过这些详尽的分享，黄峥不仅展示了他在电商领域的深厚专业知识，还让人们更加关注他在这一行业中的专业素养和能力，而不仅仅是关注他所担任的具体职位。他的话语中透露出对电子商务未来发展的洞察和对市场趋势的敏锐把握，使得人们对他所领导的拼多多平台有了更深的信任和认可。

这样的介绍方式，突出了黄峥的专业能力和独特理念，而非仅依赖职务头衔来吸引关注。它向听众传达了一个重要信息：黄峥的价值不仅在于他所担任的职务，还在于他在专业领域的深厚造诣和卓越成就。

强调专业背书的好处在于，能够让听众更快地了解企业家的核心竞争力和价值所在。人们更愿意倾听那些在特定领域有深入研究和实践经验的人分享观点与见解。通过展示专业背书，企业家能够与听众建立信任关系，引起他们的共鸣，企业家的话语也更具说服力和影响力。

为了更好地在节目 / 峰会类简介中体现专业背书，企业家还可以结合具体的案例或成果来加以说明。例如，提及自己领导的企业在某个领域取得的突破或创新，或者分享自己在解决特定问题时所采用的有效方法和策略。这样能够使专业背书更加具体、可感，让听众更容易理解和接受。

同时，保持真实和谦逊也是至关重要的。强调专业背书不能过度夸大或虚假宣传。企业家应该以真诚的态度分享自己的经验和见解，承认在某些方面的不足和继续学习的决心。这样会让听众觉得企业家更加可信、可亲，企业家个人 IP 的吸引力会得到增强。

另外，企业家要注意语言表达的简洁明了和重点突出。在有限的时间和篇幅内，企业家应准确地传达最关键的信息，避免冗长和复杂的表述，让听众能够迅速抓住核心要点，对企业家的专业背景和价值有清晰的认识。

总之，企业家在节目 / 峰会类简介中应避免罗列职务，而应强调专业背书。通过突出自己的专业能力、独特理念、实践成果以及真实谦逊的态度，企业家能够更好地打造个人 IP，展现一个有深度、有价值且值得信赖的形象。这不仅有助于企业家提升个人 IP 影响力，还能推动企业的发展。

▶ 7.2.2 介绍真实，突出权威性

在互联网时代，企业家需要频繁地在各种电视节目、研讨会和峰会上亮相。他们的个人介绍对塑造良好形象、传达关键信息以及与观众和参与者建立联系起着至关重要的作用。

真实性是企业家自我介绍的核心原则，这要求他们真实地讲述个人历程、职业成就、专业技能和贡献。如果企业家声称他主导了一项重大的企业合并业务，那么这个声明必须基于实际发生的事件，并且能够提供相关的数据和成果作为证据。同样，如果介绍中提及他们获得了某个专业领域的荣誉，应当详细列出奖项的名称、颁发机构以及该奖项在业界的公信力和影响力。

权威性则体现在多个层面。首先，介绍应清晰地表明企业家在所在行业中的地位和影响力，这可能包括他们在行业协会中扮演的重要角色，或者他们提出的、被广泛接受和引用的行业观点与理论。其次，通过列举他们参与制定的行业标准、发表的有影响力的科研报告或论文，可以展示他们在专业领域的深厚造诣和权威地位。最后，曾受到知名媒体的专访或报道，或者受邀作为嘉宾在重要活动上进行演讲等经历也能显著提升企业家的权威性。

📝 案例 7-2 《开讲啦》对曹德旺的介绍

作为福耀玻璃的创始人，曹德旺曾登上央视节目《开讲啦》的舞台，与现场观众分享自己的成长经历。在曹德旺登场之前，主持人撒贝宁并未直截了当地介绍其身份，而是用曹德旺年轻时的经历作为开头。

撒贝宁提道，在中国的一个普通家庭里，孩子问父亲，如果想当一个成功的企业家，自己要做些什么。父亲答道，你用"心"这个字组词，然后把你组成的词都付诸实践，如果都做到了，那你就是一位优秀的企业家。而这个孩子一步一步，将自己所有的"心"都扑到了事业上，到今天已成为世界有名的企业家。

说完这个故事，撒贝宁继续说道："他的这个企业，可以说是中国第一、世界第二大的汽车玻璃供应商……马路上跑的汽车，每五辆车里面有四辆车的玻璃就出自他的工厂。"

可以看出，这段开场介绍便是兼顾真实性与权威性的典范。一方面，主持人以一个真实而生动的故事开头，引起观众的好奇心；另一方面，主持人通过直观的数据展示，证明曹德旺的企业在玻璃制造行业的地位。这既传达了关键信息，又塑造出一个良好的企业家形象。

为了确保简介既反映真实情况又具备权威性，企业家需注重语言的精确性和客观性，避免使用过于夸大或含糊的措辞，而应利用具体的数据、确凿的事实和生动的案例来证实描述。同时，确保简介的结构条理分明、论点间的逻辑关系清晰，使受众能轻松领会企业家的核心价值和卓越成就。

此外，保持简介的时效性同样关键。随着职业生涯的推进和新成就的出现，企业家应及时对简介进行修订和优化，以保证信息的准确性和相关性。这样，才能持续维护其真实可信且具有权威性的形象。

总之，一份真实且权威的节目/峰会类简介对企业家塑造正面形象、赢得信任、提升个人IP影响力至关重要。通过精确、客观地展示发展历程和成就，并彰显自己在专业领域的权威地位，企业家能够使受众更深入地认识自己的价值和贡献，从而不断提升自己的影响力。

▶ 7.2.3　30秒口播：让受众精准了解自己

在当今竞争激烈的商业世界中，企业家不仅需要具备出色的商业头脑和领导能力，还需要有效地打造个人IP，以在市场中脱颖而出。30秒口播是一种快速、直接且有效地传播个人IP的方式，能够帮助企业家在短时间内让受众了解自己。以下是企业家通过30秒口播宣传个人IP的步骤，如图7-3所示。

1.简洁明了的自我介绍

在口播的开头，企业家需要用简洁而有力的语言介绍自己的姓名和职位。同时，可以提及一些与自己相关的显著成就或荣誉，以增加可信度和吸引力。

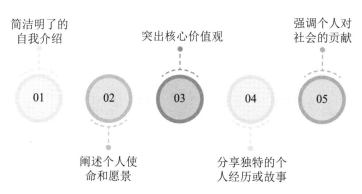

图 7-3　企业家通过 30 秒口播宣传个人 IP 的步骤

2.阐述个人使命和愿景

用简短的话语阐述自己的个人使命和愿景。这能够让受众了解企业家从事商业活动的深层动机和目标。这部分内容要充满激情和感染力，让受众能够感受到企业家对事业的热爱和执着。

3.突出核心价值观

在 30 秒口播中，清晰地传达核心价值观是非常关键的。例如，"我始终秉持着诚信、创新、合作的价值观，致力于为客户提供最优质的产品和服务"。核心价值观是个人 IP 的基石，能够让受众对企业家的为人和经营理念有更深入的了解，从而对其产生信任。

4.分享独特的个人经历或故事

为了使口播更具吸引力和记忆点，企业家可以分享一段独特的个人经历或故事。例如，"在创业初期，我面临重重困难，但凭借坚持不懈的努力和团队的支持，我成功克服了困难"。这段经历或故事要能体现企业家的坚韧、智慧和领导力，让受众产生共鸣和钦佩之情。

5.强调个人对社会的贡献

在口播的结尾部分，企业家可以强调自己对社会的贡献。这能够展现企业家的社会责任感，进一步提升其个人 IP 形象。

总之，在 30 秒口播中，企业家要精心策划每一个环节，突出重点，用最精练、最有感染力的语言展示自己的独特魅力和价值。通过不断练习和优化口播内容，企业家能够在短时间内给受众留下深刻的印象，从而成功打造个人 IP。

第 8 章

媒体发稿：
传统但有效的传播渠道

尽管传统媒体在内容、形式上可能不如新媒体那么灵活多样，但其权威性、深度和广泛的受众基础是新媒体难以企及的。一篇刊登在知名报纸上的深度报道，或者权威财经杂志上的专题采访，能够为企业家赋予一种经过专业筛选和认可的光环。

8.1 多类型稿件打造 》》》

企业家精心打造新闻通稿、演讲稿、采访稿和述评稿，不仅能够有效地将自身的价值观、商业理念以及宏伟的愿景传递给外界，还能展现他们独特的人格魅力和非凡的领导风范。

▶ 8.1.1 新闻通稿：重要事件全网发布

个人 IP 对企业家而言至关重要，它不仅能够提升企业家的公众形象和行业影响力，而且直接关系到企业的发展前景。通过新闻通稿实现重要事件全网发布，已经成为许多企业家打造并强化个人 IP 的首选策略。

贾跃亭是一个典型的例子。他的商业生涯波澜起伏、充满争议，但在个人 IP 塑造和传播方面，他采取了独特的策略和手段。

在国内商业舞台上，贾跃亭借助一系列战略发布会、超级电视产品发布会等重要事件，成功地传播了自己"为梦想窒息"的个人 IP 形象。他以充满激情的演讲和大胆的战略规划吸引了无数关注，激发了人们对乐视未来发展的期待。

乐视遭遇危机无疑成为贾跃亭商业生涯中的一次重大挫折。但他并未就此沉寂，而是将目光投向海外电动汽车领域。面对法拉第未来退市的风险时，贾跃亭通过新闻和网络渠道发声，宣布自己重新担任联席 CEO。

这一举措不仅彰显了他挽救公司的决心，也是一次对个人 IP 的深刻强化。他通过新闻通稿向公众传达自己的决心和计划，试图重新赢得投资者和消费者的信任。尽管争议不断，但他那顽强的"造车梦"形象依然深入人心。

由上述案例我们可以看到新闻通稿在个人 IP 打造中的巨大作用。

首先，新闻通稿能够迅速引起公众的关注。每当贾跃亭发布重要消息，无论是媒体还是公众，都会迅速聚焦于他的言论和行动，这使得他能够在短时间内成为舆论的焦点，吸引大量的关注和讨论。

其次，新闻通稿有助于塑造企业家的形象和价值观。贾跃亭通过不断强调自己的梦想和决心，让人们对他的坚持和勇气有了更深刻的认识。尽管有人质疑，但也有人被他的执着所打动。

最后，新闻通稿能够给企业带来潜在的合作机会和资源。贾跃亭的声音被广泛传播，可能会吸引一些投资者或合作伙伴的注意，给企业的发展带来新的机遇。

再如，罗永浩本身具有较高的话题性。在进入直播领域后，他的直播首秀以及一些重要的直播场次都会进行全网宣传。例如，在直播前发布新闻通稿，介绍直播的亮点、即将推荐的产品等，吸引观众关注。罗永浩的一些言论和行为也经常成为媒体报道的焦点，如他的创业经历、故事等，这些事件的全网发布都有助于提升他的个人 IP 影响力。尽管他多次创业失败，但凭借独特的个人 IP，他在直播领域取得了显著成绩。

对于企业家来说，全网发布新闻通稿有助于提升个人的知名度、影响力，增强消费者对其个人 IP 的认知和信任。但在这个过程中，也需注意保持真实、一致的 IP 形象，避免过度包装或虚假宣传导致人设崩塌。同时，企业家要结合自身特点和目标受众，选择合适的传播渠道和方式，以达到最佳的传播效果。

▶ 8.1.2 演讲稿：主题明确+观点明确+激发共鸣

一篇优秀的演讲稿，能够助力企业家有效地向公众传递思想精髓、核心价值观和远大愿景，进而激发听众的共鸣与支持。我们以上文提到的曹德旺在节目《开讲啦》中发表的演讲为例，谈谈一篇优秀的企业家演讲稿都涵盖哪些内容。

首先，演讲稿的关键在于主题的设定。主题如同指南针，指引演讲的走向。在构思演讲稿时，企业家的首要任务是确立一个鲜明、聚焦且引人入胜的主题。这个主题应与企业家的个人 IP 定位无缝对接、与企业的发展战略紧密结合，同时也要能够满足听众的期待和需求。

案例 8-1　曹德旺的演讲

在《开讲啦》舞台上，曹德旺进行了大约 13 分钟的演讲。演讲一开始，曹德旺就点明了演讲主题："我今天跟大家分享我们民营企业 40 年对国家的贡献和国家对民营企业的帮助。"

这一主题十分宏大，对于年轻观众而言，似乎并没有很强的趣味性。因此，曹德旺在点出主题之前，先用真诚、略带拘谨的口吻讲道："面对全国的青年才俊演讲，（我）确实有压力，做也难做，因为我是企业家。讲什么呢？我只能讲故事，而且不能讲过头，过头了，人家会认为我在吹。"

这番话包含两个重点：其一，曹德旺是企业家——再一次锚定个人身份；其二，曹德旺要讲故事——故事比道理更有趣味，更能满足年轻观众的期待。在此基础上，曹德旺讲出今天演讲的主题，观众的接受度与理解度就会更高。

其次，在演讲稿中，企业家应当融入清晰、鲜明且独树一帜的观点。这些观点源于对行业的深度剖析、对市场趋势的敏锐洞察以及个人的创新思维方式，能够串联起整个演讲的脉络。为了使演讲更具吸引力，企业家可以巧妙地融入一系列鲜活的案例、详尽的数据和引人入胜的故事作为支撑。为了使观点更具说服力，企业家可以采用以下方法，如图 8-1 所示。

（1）运用逻辑推理。通过合理的论证过程，从已知的事实和数据出发，推导出自己的观点。

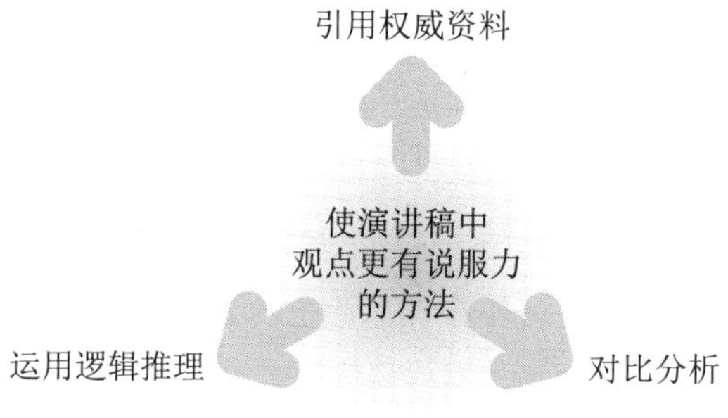

引用权威资料

使演讲稿中
观点更有说服力
的方法

运用逻辑推理   对比分析

图 8-1　使演讲稿中观点更有说服力的方法

（2）引用权威资料。引用行业专家、研究报告或权威机构的数据来支持自己的观点。

（3）对比分析。通过与竞争对手或传统做法进行对比，突出自己观点的优势和创新性。

在点明演讲主题后，曹德旺提出了自己的观点。他认为，自己的成功来自四个自信——政治自信、行为自信、能力自信以及文化自信。

关于政治自信，曹德旺讲述了 1983 年自己承包一个亏损的乡镇企业的往事。彼时政府发布的"一号文件"表示，个体户可以承包亏损的乡镇企业，自己经营。而曹德旺承包的企业原本有 5 个合伙人，在当年赚钱了之后，合伙人都不相信改革开放的政策会持续下去，因此拿了钱就走了，只剩曹德旺一个人。而 1984 年，曹德旺的企业赚了几十万元。由此，他坚定地相信党和国家的政策。

关于行为自信，曹德旺讲述了 1987 年他与其他员工出国接受培训的往事。他特意将培训成员召集起来开会，让大家注意自己的言行，不要"出洋相"、给国家丢脸。事实证明，外国企业的领导对他们的印象很好，还特批以 108 万美元（原本要 180 万美元）的价格，把一台先进的设备卖给了曹德旺的企业。

关于能力自信，曹德旺讲述了 2002 年与美国企业打反倾销官司的往事，并延伸到会计工作对企业的帮助。

关于文化自信，曹德旺则用"术"和"道"阐释知识与文化的区别。

最后，一篇成功的演讲稿能够让企业家与受众建立情感连接，增强受众对企业家个人 IP 的认同感和忠诚度。结合曹德旺的演讲不难看出，为了使演讲激发共鸣，企业家可以从以下三个方面入手，如图 8-2 所示。

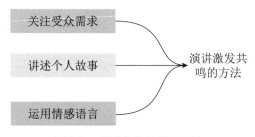

图 8-2　演讲激发共鸣的方法

（1）关注受众需求。了解受众的痛点、渴望和梦想，在演讲稿中有针对性地提出解决方案。

（2）讲述个人故事。分享自己创业过程中的挫折、成长和成功，让受众感受到企业家接地气的一面，拉近与受众的距离。

（3）运用情感语言。使用富有感染力的词汇和表达方式，传递积极向上的情感，如激情、勇气、坚持等。

总之，通过精心准备的演讲稿，企业家可以将自己的故事、价值观和专业能力展现给广大听众，为个人 IP 增光添彩，同时也为社会传递更多的正能量。

▶ 8.1.3　采访稿：灵活回答，机智应对

利用采访稿，企业家能够以灵活多变的方式回答问题，巧妙地处理各种状况，进而更有效地塑造独特的个人 IP。

企业家应具备自我认知并进行精准定位，这涉及明确自身的核心价值观、专业特长、独特竞争优势。企业家拥有自我认知，能够确保采访具有一致性与连贯性，使听众更透彻地洞察企业家的个人特质和形象。

想要在采访中随机应变，充分的准备至关重要。企业家应预测并分析对方可能提出的问题，构建翔实且有条理的答案。这不仅要求企业家对企业的基本情况、业务表现有深入的了解，还要求企业家关注行业动态、市场变化等外部环境，以确保全面、准确地回答各种问题。

在采访过程中，保持真诚和坦率至关重要。企业家不要试图回避敏感问题或给出虚假的答案，因为一旦被发现，将会严重损害个人声誉，不利于个人 IP 构建。相反，企业家应以诚实的态度面对问题，并巧妙地将其转化为展示企业优势和个人能力的机会。

将叙事技巧融入访谈中是企业家引起听众共鸣的重要手段。人们往往倾向于记住富有情感色彩的故事，而非单调的数字和理论。企业家可以通过叙述企业成长过程中的真实事例、个人的奋斗经历或与客户的感人故事，使听众更深入地理解企业的核心价值观和文化，同时也能提升企业家的亲和力和说服力。

以王石描述万科的发展为例，他分享关键决策背后的过程以及团队如何共克时艰。这些故事不仅让人们更全面地了解万科的成功之道，也使王石的领导魅力更加鲜明和立体。

此外，精通语言策略，确保回答精练且重点突出至关重要。企业家应避免使用冗长和复杂的语句，以确保关键信息能够清晰地传达给受众。同时，企业家要注意语言的感染力和表现力，以积极、坚定的口吻阐述观点。

采访中可能会遇到一些意外情况或尖锐问题，对此，企业家需要保持冷静和理智，不要被情绪左右。企业家可以采用迂回、转移话题或提供新视角的方式来应对，避免陷入尴尬或被动的局面。

例如，在媒体采访中，丁磊展现出亲和力。当被问及网易游戏业务的发展时，他以风趣幽默的方式评论了行业内的某些现象，并介绍了网易游戏的创新之处和长远规划。提及网易严选等电商业务时，他则以产品体验官的身份，分享了自己对产品质量的严格要求和深刻见解，塑造了一个既关注生活细节又熟悉商业运作、既幽默又实际的企业家形象。

另外，倾听是沟通中不可或缺的一环。企业家要全神贯注地倾听采访者提出的问题，准确理解背后的意图，再进行有深度的回应。同时，企业家要注意与采访者互动，营造出积极的交流氛围，这有助于企业家赢得受众的信任、激发他们的共鸣，进一步强化个人 IP 的影响力。

采访结束后，企业家还应反思和评估整个过程，分析自己的表达方式，识别有待提升的方面，以便在未来的采访中更加出色地展示个人形象和 IP 价值。

总之，通过采访塑造个人 IP，需要企业家综合运用各种技能和策略。企业家应以清晰的自我定位为基石，充分准备，以诚挚的态度回应问题，擅长运用叙事技巧，灵活应对突发情况，同时注重倾听和自我反思。

▶ 8.1.4　述评稿：展示观点和价值观

述评稿是一种边叙述边评论的稿件形式，一般由企业家亲自撰写或深度参与，旨在通过分享个人经历、企业发展历程、行业动态分析以及独特的商业理念，向外界传递清晰的信息、独到的观点与深刻的价值观。这不仅有助于企业家在行业内树立权威形象，也是他们展示观点与价值观的重要窗口。

想要打造一份优秀的述评稿，企业家需要注意以下几个方面。

1.立意明确

在撰写述评稿时，企业家需要确立一个清晰且引人注目的主题，从而确保文章具有鲜明的中心思想。以探讨某行业的发展趋势为例，企业家不仅要深入剖析该行业的核心问题，还需清晰阐述其所面临的严峻挑战，同时不失时机地指出潜在的巨大机遇。

2.独到的见解

企业家可以凭借丰富的行业经验和深刻的洞察力，对市场变化、行业趋势发表独特而深刻的见解。这些见解不仅展现了企业家的专业素养和敏锐直觉，还为受众提供了宝贵的思考角度和行动指南。

3.逻辑严谨

企业家应遵循清晰的逻辑结构，使述评稿层次分明、条理清晰。常见的逻辑结构是"提出问题—分析问题—解决问题"，或者按照事物发展的时间顺序、重要程度等来组织内容，确保各部分之间过渡自然、论证有力。

4.积极参与社会热点话题的讨论

当社会上出现与企业相关或涉及公众利益的热点事件时，企业家可以适时发表自己的看法和观点，但要注意保持客观、理性，不盲目跟风或偏激表态。通过对热点话题的深入分析和提出建设性意见，企业家的社会责任感和担当精神得以体现。

例如，定期在企业官方微博或行业媒体上发表专栏文章，分享对行业发展、企业管理等方面的思考；利用微博、微信等社交媒体平台发布简短而有深度的观点，与粉丝进行互动、交流。

另外，与其他行业领袖、专家进行对话和交流也是丰富观点、提升个人形象和声誉的有效途径。通过参与行业论坛、研讨会等活动，与同行进行思想碰撞，企业家可以拓宽自己的视野，还能吸收不同的观点和经验，进一步完善和深化自己的观点与价值观。

在展示观点和价值观的过程中，企业家可能会遇到各种挑战和质疑。这时，企业家需要保持开放的心态，理性对待不同的声音。对于合理的建议和批评，企业家应虚心接受并加以改进；对于误解或无端指责，企业家可以通过适当的方式进行解释和回应，但要避免陷入无谓的争论。

8.2 公关稿：打造个人 IP 传播组合拳

公关稿作为一种有力的传播工具，为企业家提供了展示自我、传达理念的重要渠道。通过精心撰写和策划公关稿，企业家能够向外界精准地展现个人形象、讲述创业故事、分享成功经验、传递价值观。

▶ 8.2.1 速战速决型：阶段性公关稿集中曝光

在竞争激烈的商业环境中，企业家需应对多样挑战与机遇。有效的公关策略成为打造个人 IP、塑造品牌、传递信息、应对危机的关键。特别是打造速战速决型的公关稿，并进行阶段性的集中曝光，能够在短时间内迅速吸引公众注意力、高效传达核心信息，从而有效地实现预期的公关目标。

速战速决型的公关稿具备显著的特点，如行文迅速、内容精准、表述有力等。此类稿件致力于在短时间内高效吸引公众视线，并通过简洁明了的方式传递核心信息，从而避免冗长和复杂的表述。

在应对突发情况、发布关键信息或引导舆论方向时，速战速决型公关稿能迅速作出反应，为企业赢得主动权和先机。企业家打造速战速决型公关稿，需着重关注以下几个关键方面。

1.明确目标与信息核心

在撰写速战速决型公关稿时，企业家的首要之务在于确立明确的目标。这一目标可能是宣布重大决策、对负面事件作出回应、推广全新产品，或是致力于树立企业形象。一旦目标确定，企业家就需要精确提炼最为关键的信息，并确保文稿中的每一项内容均紧密围绕此核心展开。

例如，企业发布新产品时，核心信息应聚焦产品的独特卖点、创新特性及其给消费者带来的价值。

2.简洁明了的语言表达

速战速决型公关稿应简明扼要、通俗易懂，避免行业术语和冗长句子。鉴于公众普遍缺乏深入解读复杂文字的时间和耐心，公关稿应确保要点能够迅速而有效地传达。在表达上，应倾向于使用直接、明确且有力的陈述句，以强调关键信息，确保读者能够在短时间内准确理解主要内容。

3.引人注目的标题

标题是吸引读者的第一步，一个好的标题能够迅速抓住读者的眼球。标题应该简洁地概括公关稿的核心内容，同时具备一定的吸引力和新闻价值。企业家可以运用一些技巧来确定标题，如提出引人好奇的问题、强调事件或产品的重要性或独特性等，以激发读者的兴趣，使其愿意进一步阅读正文。

4.快速响应与发布时机

速战速决意味着要在第一时间作出响应并发布公关稿。对于突发的事件或热点话题，及时发布相关公关稿可以抢占舆论先机，避免信息真空导致不实传言扩散。同时，选择合适的发布时机也很重要，企业家要考虑到目标受众的阅读习惯和媒体的传播规律，以确保公关稿能够获得最大的曝光度。

在特定时间周期内，精心策划并连续发布一系列相互关联的公关稿，能够实现阶段性公关稿的集中曝光，持续提升品牌影响力和话题热度。

首先，为确保集中曝光的成效，企业家需明确规划发布节奏。这需根据企业的战略方针与公关需求，详细制订发布计划，包括在特定时段内公关稿的数量、主题设定以及时间间隔的合理安排。例如，在新产品推广阶段，可每周发布一篇聚焦产品不同特性的公关稿，以逐步展现产品优势；在企业重要活动前后，集中发布预热、现场报道及总结性公关稿，以营造声势。

其次，企业家须确保公关稿内容的连贯性与多样性。在阶段性集中曝光的过程中，各篇公关稿应围绕共同主题或线索，形成有机整体，使公众能够全面、深入地了解相关信息。同时，为避免内容单调，公关稿的呈现形式应多样化，涵盖新闻稿、案例分析、专家解读、用户故事等多种类型。

再次，企业家可结合多媒体手段，如图片、视频、音频等，以增强公关稿的吸引力和传播效果。例如，在发布产品公关稿时，可附上精美的产品图片或演示视频；在讲述企业故事时，可制作生动的动画短片，以更直观的方式传递信息，吸引更广泛的受众。

最后，企业家应积极寻求与媒体及行业意见领袖的合作，以确保公关稿能够迅速、广泛地传播。同时，可邀请意见领袖参与或评论相关公关活动，借助其影响力，进一步扩大公关稿的传播范围和影响力。

精心策划、分阶段集中发布具有针对性的公关稿件，能够显著地改善公众对企业家的认知，进而重塑其个人 IP 形象。然而，值得注意的是，具体的公关策略需要根据事件的特性、目标受众的偏好等因素进行审慎考量与灵活调整。

▶ 8.2.2 细水长流型：个人通稿持续性发布

与速战速决型公关稿集中曝光的方式不同，细水长流型公关稿通过个人通稿的持续性发布，可以更深入、全面地塑造企业家的形象，增强公众对企业的认同感和信任感。

细水长流型公关稿的核心在于持续传递有价值的信息，以一种渐进且稳定的方式影响受众。这种方式并非追求短期的轰动效应，而是注重长期的积累和沉淀。

成功的企业家往往拥有独特的个人特质、价值观和领导风格。通过持续性发布个人通稿，企业家可以逐步展现这些方面，让公众更深入地了解自己的内心世界和企业背后的文化底蕴。例如，某企业家一直致力于推动行业可持续发展，那么在通稿中可以持续分享他在这方面的思考、举措以及取得的阶段性成果。这些通稿可以涵盖他参加相关行业会议时发表的关于可持续发展的观点，企业在环保、社会责任等方面的具体项目和投入，以及与合作伙伴共同推动可持续发展的案例等。

在撰写这类公关稿时，企业家需要注意保持内容的真实性和连贯性，不能为了吸引眼球而夸大其词或编造故事，而是要基于事实，以真诚的态度向公众传递信息。例如，企业家可以讲述自己面对困难和挑战时如何凭借坚定的信念和创新的思维找到解决方案。这些真实的经历能够引起读者的共鸣，使他们更容易对企业家产生敬佩之情。

同时，公关稿的主题要有多样性和深度。除了关注企业的业务发展和成就，还可以涉及企业家的个人成长经历、兴趣爱好、对社会问题的看法等。例如，介绍企业家在业余时间积极参与公益活动，或者分享他在阅读、旅行中获得的启示和感悟。这样可以展现企业家的多面性，使公众感到他是一个有血有肉、富有生活情趣的人。

此外，结合时事热点和行业趋势也是让公关稿保持吸引力的重要手段。企业家可以针对当下热门话题发表自己的见解，展示自己对行业动态的敏锐洞察力和前瞻性思维。例如，针对人工智能技术迅速发展的趋势，企业家可以分享他对人工智能如何影响本行业的分析，以及企业在这方面的布局和战略规划。

为了确保公关稿的质量和效果，企业家还需要注意语言表达的简洁明了和生动性，避免使用过于复杂或生僻的词汇，让读者能够轻松理解稿件的内容。同时，可以运用一些故事性的叙述方式或生动的案例，使文章更具趣味性和可读性。

📝 案例 8-2　王石的多面人生

作为万科集团的创始人，王石留给公众的印象并非传统意义上的企业家。他是商业帝国的缔造者、公益事业的倡导者，更是勇于挑战自我的探索者。从创办万科到引领行业变革，从热心公益到勇攀高峰，王石始终活跃在公众视野中。浏览近年来与王石相关的一系列公关稿件，不难看出这位企业家的多面风采。

1.个人成长与企业家精神

如今，在搜索引擎中输入"万科""王石"等字样，排名较前的稿件大多是王石的创业历程和人生感悟，特别是其谈及企业家精神的内容。例如，发布于搜狐网的《人物 | 王石：企业是一个有道德的"经济人"》《"登上了珠峰又怎样？"一个"成熟"王石的诞生 | "十年"》，讲述了王石自 1984 年以来的创业历程与不同阶段的心境。

发布于澎湃新闻的《专访 | 万科集团创始人王石：我的人生已经进入"第三阶段"》，总结了王石发布的个人演讲《回归未来》，宣布自己从万科卸任，专注公益事业。

2.万科的企业文化与社会责任

王石曾在多个场合强调万科的企业文化与社会责任，包括万科如何推动行业的可持续发展、积极参与公益事业等。例如，发布于《华西都市报》的《王石：做的正是体现社会责任 领导不宜管得太多》，这篇稿件是王石自 2010 年后首次面对媒体发声，他回应了公众对他本人、对万科的质疑，讲述自己对团队建设、企业管理的见解。

发布于搜狐网的《对话王石：我在做代表未来的事》，讲述王石参加联合国气候大会的感想，特别是对碳中和、绿色建筑的思考与实践。在这篇通稿中，王石讲述了万科位于深圳大梅沙的第一个碳中和社区的详细情况。

3.对行业趋势的洞察

作为房地产行业的代表人物，王石对行业趋势的洞察与见解，也是其个人通稿的主题之一。例如，发布于搜狐网、网易、百家号等媒体的《王石再预测中国未来房地产走向：若无意外，或较大概率又是对的》。

4.日常生活与兴趣爱好

除了商业和公益，王石也会通过个人通稿分享自己的日常生活和兴趣爱好，比如登山、赛艇等。例如，发布于央视财经频道、人民网等媒体的《王石：万宝之争并非突然发生 捍卫的是万科 30 年的文化》，总结了王石在央视纪录片《遇见大咖》中分享的内容，包括他家中装了两面攀岩墙，在攀登珠峰的间隙并不留恋美景、坚持在帐篷中休息，坐飞机只坐过道旁边等。

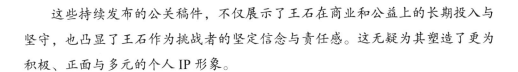

这些持续发布的公关稿件，不仅展示了王石在商业和公益上的长期投入与坚守，也凸显了王石作为挑战者的坚定信念与责任感。这无疑为其塑造了更为积极、正面与多元的个人 IP 形象。

总之，打造细水长流型公关稿，持续性发布个人通稿，是企业家打造个人 IP、传播企业价值观的有效途径。

▶ 8.2.3　邀请背书：请大咖评述自己

企业家往往倾向于寻求行业大咖为自己的个人 IP 背书，这一选择主要源于大咖所具有的卓越权威性和深厚的专业功底。然而，鉴于大咖的级别和类别繁多，企业家在选择合作对象时，应紧密结合个人 IP 的实际情况，确保所选对象与个人 IP 高度契合。

在商业领域中，背书具有不可忽视的价值。它能够借助第三方的信誉，对企业家及其产品、服务进行再一次的确认和肯定，从而进一步提高企业家个人 IP 的可信度。大咖通常在其所属领域享有较高的知名度、威望和专业性，他们的观点和评价更容易被公众接受与认可。

大咖的评述能够给企业家带来多方面的好处。首先，有助于提升企业家的个人形象，使其在公众眼中更具专业性、领导力和魅力。其次，能提升企业品牌的曝光度和知名度，吸引更多的关注和潜在客户。再次，大咖的认可和推荐可能会影响消费者的购买决策，促进产品或服务销售。最后，还可能给企业带来更多的合作机会和资源，吸引优秀人才加入。

在商业领域的研讨活动和食品行业分析中，众多专家、行业资深人士等大咖经常将陶华碧作为一个经典案例进行深入剖析。他们对老干妈坚守传统工艺、品牌建设以及陶华碧的创业精神给予了极高的评价。他们认为，老干妈之所以能够取得今天的成就，很大程度上得益于其对传统工艺的坚持和对品质的不懈追求。同时，陶华碧作为创始人，她的个人魅力和创业精神也是老干妈品牌成功的重要因素。

媒体等传播渠道广泛传播这些大咖对老干妈及其创始人陶华碧的正面评价，进一步增强了陶华碧形象的立体感和崇高性。她不仅是一个企业家，也是传统文化的传承者和创新者。她的个人 IP 也逐渐成为老干妈品牌的一个核心标志，象征卓越品质、坚持不懈和文化传承。陶华碧的形象与老干妈品牌紧密相连，使消费者在购买产品的同时，也能感受到文化和传统工艺的传承。

然而，要想成功获得大咖的背书，企业家需要注重自身实力和信誉的积累，确保产品或服务具有较高的品质和价值。同时，在选择大咖时，要考虑其与企业的相关性和影响力，以实现最佳的背书效果。而且，企业家不能仅依赖大咖的背书，还需不断努力提升自身的核心竞争力，以实现长期稳定发展。

万科集团创始人王石在房地产等多个领域都拥有极高的知名度，许多企业家邀请他出席活动，借助他的影响力来提升自身的价值与曝光度。例如，一些新兴企业或初创公司的创始人，希望借助他的声誉、经验和人脉来获得更多资源；需要行业内专家意见和建议的公司管理者，能从他对行业趋势的深入洞察中受益；想要发布新产品的企业家，可以利用他的知名度让产品快速进入大众视野，增加产品曝光度，为产品销售做好铺垫。

当然，除了像王石这样的企业家，不同领域的专家、学者等具有影响力的人物，都可能成为企业家背书的合适人选。关键在于找到与企业家个人 IP 形象和目标受众相契合的大咖，并通过有效的沟通和合作，实现双方的共赢。同时，企业家也需充分利用好大咖背书带来的积极影响，将其转化为实际的市场成果。

▶ 8.2.4 关注行业媒体动态：预测行业发展

在当今的媒体环境下，企业家可以通过关注行业媒体动态更好地预测行业发展趋势，从而为企业的战略决策提供有力依据。

关注行业媒体动态，要求企业家有意识地关注相关行业新闻，明确自己的发展方向。媒体，尤其是行业媒体，以极快的信息传播速度，成为企业家获取行业最新思想、观点及发展方向的重要窗口。通过收集、整理行业信息，企业家不仅能够更好地把握市场动态，还能在品牌运营和发展上占据有利位置，实现"知己知彼，百战不殆"。

　　一般情况下，行业媒体的报道多与行业内的领头企业家有关，他们的动向很大程度上会对中小型企业产生影响。一个行业没有新闻媒体，它的信息传播和社会认知度会被弱化。新闻报道是获取信息的最佳途径之一，行业媒体展现的是整个行业的发展前景，因此关注行业媒体动态、了解行业巨头的动向，有助于降低企业出现危机的概率，使之能及时应对出现的问题。

　　此外，媒体在信息传播过程中扮演连接企业家与公众的桥梁角色。公众通过媒体获取企业家的相关信息，而媒体则负责将企业家的意图和行动传达给公众，并进行相应的引导。在行业危机或突发事件发生时，媒体发布的权威信息能够稳定事态发展、为企业家提供应对之策，并充分发挥品牌传播的功能，为企业家提供全方位的服务。

　　媒体分为传统媒体和新媒体两大类。虽然报纸、杂志等传统媒体传播信息速度相对较慢，但其深度报道和权威分析仍具有不可替代的价值。而新媒体，如微信、微博、浏览器等互联网平台则以快速、便捷的特点，成为企业获取实时信息的重要渠道。因此，企业家应综合运用这两种媒体资源，以更全面地洞悉行业新闻和市场动态。

　　以财经类媒体为例，比较有名的报纸、杂志有《福布斯》《华尔街日报》《第一财经周刊》《经济观察报》等；自媒体账号包括华尔街见闻、功夫财经、楼市资本论等；财经类网站如图 8-3 所示。

　　通常情况下，传统媒体在内容可读性上具备优势，但其信息更新速度较慢，难以及时捕捉并传递行业内的最新资讯。相较之下，新媒体如微信、微博及各大浏览器等互联网平台，虽能迅速发布大量行业新闻并保持高频率更新，但信息筛选难度也相应增加，优质新闻不易被快速识别。因此，企业家在通过行业媒体关注行业动态时，应审慎选择渠道，以平衡信息的时效性与可靠性。

图 8-3　财经类网站

8.3 应对媒体采访：两个关键因素

企业家在应对媒体采访时，需重点关注两个关键因素：媒体平台的权威性和采访内容的时效性。这两方面对确保信息的准确性、提升传播效果具有至关重要的作用。

权威性的媒体平台不仅能够为企业家提供更广阔的传播舞台，还能赋予其言论更高的公信力。通过此类平台，企业家的声音能够更有效地触达目标受众。同时，确保采访内容的时效性也很重要。企业家应敏锐捕捉行业前沿动态，结合本企业的创新策略和发展趋势，在采访中及时分享有价值的信息。这样做不仅能够吸引更多关注，还能展现企业家敏锐的市场洞察力和卓越的领导才能，进一步提升企业形象和品牌影响力。

▶ 8.3.1 评估媒体平台的权威性

在接受媒体采访时，为确保信息准确传播、提升公信力，企业家可以深入评估媒体平台的权威性。企业家可以从以下几个维度进行考量，如图 8-4 所示。

媒体的知名度和影响力

媒体的历史和声誉

信息来源和采编流程

内容质量和专业性

行业认可和评价

图 8-4　企业家评估媒体平台权威性的维度

1.媒体的知名度和影响力

在评估媒体的权威性时，企业家需深入探究其在特定行业内的知名度、覆盖面及受众的广泛性。具备知名度和广泛影响力的媒体，在信息传播与舆论导向方面通常具有更强的权威性。

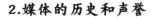

2.媒体的历史和声誉

在评估过程中，媒体的创办时间、发展历程以及过往的报道表现与声誉同样不可忽视。历史悠久且始终具有良好声誉的媒体，更有可能在权威性方面占据优势。

3.信息来源和采编流程

企业家应关注媒体获取信息的途径是否可靠，以及采编流程是否遵循规范、严谨的原则。具有严格的信息核实与编辑审查制度的媒体，能够确保所发布内容的准确性与可信度。

4.内容质量和专业性

分析媒体所发布内容的质量，包括文章的深度、广度、准确性、客观性等方面，是评估其权威性的关键。内容专业、有深度且客观公正的媒体更具权威性。例如，拥有专业记者和编辑团队的媒体，能够提供有价值、有见地的报道和分析。

5.行业认可和评价

同行对媒体的认可与评价程度，同样能够作为评估其权威性的重要参考。如果其他媒体对其评价较高，或该媒体经常获得业内的奖项与荣誉，那么这些都在一定程度上反映了其权威性。

例如，在评估一家报纸的权威性时，企业家应审慎考量其历史背景及知名度，探究其是否拥有资深的采编团队，以及报道内容是否频繁被其他媒体引用，从而印证其权威性和影响力。对于网络媒体，同样需要细致审视其在行业内的综合排名、用户基数及活跃度，并关注其内容的更新频率及质量，以确保评估的全面性和准确性。

在接受媒体采访时，选择权威性较高的媒体平台进行合作，有助于提升企业家的个人形象，增强信息传播的效果和影响力。同时，企业家也应该以真诚、客观的态度与媒体进行沟通，提供准确、有价值的信息，共同维护媒体的权威性和公信力。

当然，媒体的权威性并不是绝对的，不同的媒体在不同领域和受众群体中可能具有不同程度的影响力。企业家需要根据自身的需求和目标受众，综合考虑并选择合适的媒体进行合作和沟通。此外，随着媒体行业的不断发展和变化，企业家也应保持对各种媒体平台的关注和了解，以便及时调整与媒体合作的策略。

▶ 8.3.2 考量采访内容的时效性

很多企业家频繁出现在电视、网页或报纸上，他们或分享成功经验，或阐述未来战略，或回应社会关切。对于企业家而言，在媒体上曝光是传播个人 IP 的宝贵机会。然而，在接受采访、实现更广泛的曝光时，企业家应关注采访内容的时效性。具体来说，企业家可以从以下几个维度进行深入分析与考量。

1. 紧扣时下焦点

企业家应时刻关注并紧扣当前行业或社会的热门话题与事件，将个人的深刻见解、丰富经验或企业的创新实践与之紧密结合。例如，当行业面临政策调整或技术革新时，企业家可以在采访中分享独到见解与应对策略，展现企业的前瞻性与灵活性。

2. 凸显最新成就

企业家可以在采访中提及企业近期取得的显著成就、新品的隆重发布以及业务的强势拓展等最新动态。这不仅能让媒体和广大受众及时了解企业的最新发展，还能使采访内容更具新鲜感和吸引力。

3. 分享前沿展望

基于对市场动态的深刻洞察和预测，企业家可以分享具有前瞻性的观点和预见。这不仅能够展现企业家的敏锐洞察力和远见卓识，还能使采访内容更有深度和价值。

4. 强调时效案例

企业家可以选取企业在近期遇到的具有代表性的实际案例并进行深入剖析，分享其中的经验与教训。这些时效性强、贴近实际的案例往往更能引起受众共鸣，增强采访内容的吸引力和说服力。

5. 迅速回应热点事件

当行业内或社会上发生与企业紧密相关或可能对企业产生深远影响的事件

时，企业家应在采访中作出回应并发表观点，以明确展现企业的态度和立场。这不仅有助于维护企业的声誉和形象，还能体现企业的责任感和担当精神。

例如，在《中国企业家》等媒体的采访中，360 公司创始人周鸿祎巧妙地融入当下时事热点。在当前大模型技术备受瞩目的背景下，他深思熟虑后明确指出，企业家应当摒弃对大模型的过度神秘化，而应致力于在精准且深入的垂直领域内寻求创新与发展。

他强调，对于"百模大战"而言，2023 年具有举足轻重的地位，标志着竞争进入关键阶段；而 2024 年，则成为实际应用场景取得丰硕成果的丰收年。他建议企业将专业大模型与自身业务紧密结合，从而有效提升生产效率。周鸿祎的见解精准地把握了大模型技术的发展态势，同时前瞻性地预测了未来的技术走向，这充分彰显了他对时事变化的敏锐洞察力和前瞻性思维。

总之，企业家在利用媒体打造个人 IP 时，应注重采访内容的时效性，使自己的观点和企业信息能够与当下的行业动态和社会环境紧密结合，从而吸引受众的关注，提升个人 IP 的影响力和传播效果。

第9章

商业演讲：让会场中更多人记住你

在商业舞台上，演讲是企业家展现魅力、传递理念的重要方式。然而，在众多演讲者中，企业家如何脱颖而出、让会场中的更多人记住自己，成为其必须面对的一大挑战。

一场令人印象深刻的商业演讲，不是信息的单向传递，而是情感的共鸣和思想的碰撞，是理性与感性的完美交融。这样的演讲，往往源自演讲者独特的观察视角、精心编织的精彩故事、生动有力的表达方式，以及与听众之间的默契互动。

9.1 说服 or 引导

说服，意味着以逻辑严密的论据、确凿的数据和无可辩驳的事实，让听众不得不认同企业家的观点。引导，则更侧重于激发听众的自主思考和情感共鸣。企业家应通过讲述个人经历、分享故事或者提出引人深思的问题，引导听众自己得出结论。

然而，无论是说服还是引导，都不是孤立存在的。成功的商业演讲往往是两者的有机结合。在阐述关键决策时，企业家可以用说服来强化观点的正确性；在价值观和愿景传递中，企业家则可以通过引导让听众产生共鸣。

▶ 9.1.1 高效演讲：利用技巧说服听众

卓越的沟通和表达能力有助于企业家构建独特的个人IP。那么，企业家应如何高效地演讲呢？关键在于通过逻辑清晰的讲解说服听众，让听众认可自己的观点。具体而言，企业家可以从事件、号召、理由三方面出发做好演讲。

1.事件

事件指的是以语言的方式对自身经历进行讲述，其中最关键的是要选择与演讲主题相契合的自身经历。否则，即使演讲内容再精彩，也无法在听众心中留下深刻印象。

2.号召

号召的内涵是展示一个明确且具体的做法，即这件事情应该怎么做。在进行号召时，企业家不能一味地喊口号，还要阐述解决问题的具体方法。

3.理由

为了赢得听众的认同，企业家需要提供充分且有力的理由。这些理由往往与听众的利益紧密相关，因为对于大多数人而言，利益是最具吸引力的因素。通过明确阐述听众可能获得的利益，企业家可以更有效地激发听众的兴趣，从而达到演讲的目的。

除了关注以上要点外，要想做好一场演讲，企业家还需掌握以下三项技巧，如图9-1所示。

用真诚俘获听众

以热情感染听众　　　　让听众产生共鸣

图9-1　演讲的技巧

1.用真诚俘获听众

在演讲时，企业家要想让听众信服，就要真挚地展现自己的感情和人格魅力。正如著名雄辩家昆体良所言："演讲者是一个精于讲话的好人。"这句话中的"好"指的就是真诚和性格。

2.让听众产生共鸣

企业家要想让听众产生共鸣，一个比较好的方法是激发听众的同理心，牢牢地抓住他们的注意力。在这方面，企业家需要借助同理心地图，如图9-2所示。

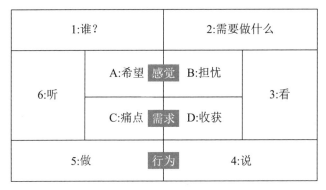

图 9-2　同理心地图

根据同理心地图，第一，企业家要知道自己面对的听众是谁；第二，要分析自己需要做什么，或者听众需要他做什么；第三，观察听众的状态；第四，据此判断自己要说些什么；第五，可以做一些辅助性动作，活跃现场的氛围；第六，可以用一部分时间倾听听众的心声。这样可以一步步引导听众，直到把他们引入企业家的世界里。

王卫是顺丰的创始人，在参与内部员工交流活动以及与客户沟通时，他总是特意安排时间来倾听他们的想法和意见。例如，在顺丰举办的客户反馈座谈会上，王卫会仔细聆听客户对快递服务的不满与建议，如包裹延迟、包装损坏等。他不会急于辩解，而是耐心倾听，随后通过介绍顺丰在提高服务质量方面的举措和未来的计划，逐渐引导听众理解顺丰所面临的挑战以及正在实施的解决方案。这样的做法使听众对顺丰服务的改进有了更明确的认识和更高的期待。

3.以热情感染听众

在陈述事实或者观点时，充满热情和感染力的语言更容易取得良好效果，有利于消除听众的疑虑。如果企业家希望通过演讲说服听众，那么自己就要充满热情，这样才能感染听众。另外，除了语言要充满热情和感染力外，眼神也要充满热情和感染力，否则很难与听众产生心灵上的交流和沟通，也就无法形成足够强大的说服力。

总之，企业家要牢记上述要点和技巧，并多练习、多实践，积累足够的经验，以获得更好的演讲效果。

▶ 9.1.2　积极引导：通过故事讲明重点

借助故事来阐述重点，无疑是一种极具吸引力和实效的策略。故事以其独特的魅力，成功地将复杂的商业理念转化为生动易懂的内容，同时为枯燥的数据赋予丰富的情感色彩。

例如，每场 TED 演讲（在 TED 大会上进行的短时间演讲）都展现出卓越的魅力，能深深触动听众的心灵。然而，值得注意的是，大多数在 TED 大会上发表演讲的嘉宾为学者，他们多专注于研究，而鲜少与公众交流。那么，他们如何能呈现出如此引人入胜的演讲呢？

在嘉宾正式演讲之前，TED 会为他们提供专门的培训，核心是讲述故事。由此可见，在演讲中，讲述故事占据了举足轻重的地位。一方面，它有助于增强语言的感染力，提升听众的兴趣，并激发其情感共鸣；另一方面，通过故事的形式，可以将复杂难懂的道理简化，更易于听众理解。

讲故事的能力是可以经过培训加以锤炼的。一个引人入胜的故事往往包含冲突、行动和结局三个基本要素。其中，冲突是渴望与障碍的结合，两者缺一不可；行动则是冲突的产物，为解决问题而产生；而行动所带来的结果，便是故事的结局。

同样，演讲中的故事也不能缺少冲突、行动、结局这三要素。

案例 9-1　TED 演讲《如何在 66 岁时成为企业家》

在往期的 TED 演讲中，一位名叫保罗·特斯纳的老人讲述了自己在花甲之年后的创业历程。他的故事就包含了冲突、行动与结局三个要素，其中还穿插了一些幽默的自夸、自嘲，因而非常引人入胜。

1.冲突

演讲一开始，特斯纳就把时间线拉回到 7 年前，向观众讲述了自己在

64 岁那年突然被辞退的往事。他提道，那是圣诞节前的一个下午，他签了一堆文件，拿好自己的东西，就去附近的一个小饭店里和妻子会合，两人喝得酩酊大醉。现场观众哄笑。

活跃了气氛后，特斯纳又说，在此之前，他已经在大大小小的公司工作了40 多年，拥有良好的学历、从业背景和广泛的人脉，从没想过要退休。在被辞退后，他又做了一段时间的顾问工作，却一直提不起热情。

2.行动

一段时间后，特斯纳有了一个想法。过去的工作和个人偏好使他对周围环境格外关心，他想到利用废弃物品制造可被生物分解的包装，以此取代塑料包装。于是在 66 岁这一年，特斯纳成为创业者，从制造、外包、注册商标到筹措资金，样样都亲力亲为。尽管要和来自高新企业的年轻人竞争，但凭借多年积攒的经验与人脉，特斯纳成功地创办了一家公司。

3.结局

故事的最后，特斯纳自豪地向观众表示，他的公司营收倍增、没有债务、拥有几个名声响亮的客户、有专利……最重要的是，他能为缓解全球塑胶污染危机作出一点贡献。

在上述故事中，既有冲突，又有行动，还有结局，三要素全部具备。其中，对工作、事业的持续追求是渴望，突如其来的辞退是障碍，二者共同构成了冲突；着手创办企业是行动；企业获得盈利、为保护环境作出贡献是结局。这位企业家完整地诠释了讲故事的三要素。

每一场演讲的时长都是有限的，演讲者应在有限的时长内把最关键的部分说清楚，让听众认识到问题的核心所在。对于企业家而言，掌握并熟练运用讲故事的三要素，讲述一个引人入胜的故事，是有效突出重点、阐明问题的关键策略。

苹果公司首席执行官蒂姆·库克站在乔布斯曾经站的演讲台上，评价乔布斯道："他惊人而伟大的天赋，以及对人类价值独特的欣赏与发掘，不只是一件产品而已，而是成就了苹果本身。"

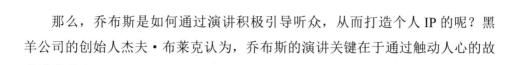

那么，乔布斯是如何通过演讲积极引导听众，从而打造个人 IP 的呢？黑羊公司的创始人杰夫·布莱克认为，乔布斯的演讲关键在于通过触动人心的故事讲明重点。

布莱克表示："演讲台上的乔布斯简直是一个大师级的讲述者，在他身上完全看不到生硬地照搬 PPT 的影子。他才是全场的明星，而不是 PPT。"

尽管 PPT 对演讲者很重要，但它绝不是提词器。企业家应像乔布斯一样，在 PPT 上只展示一些图片或几个词语，让它仅发挥提示演讲进度和启发灵感的作用。另外，演讲的信息点应该少而精练，不能像说明书一样，把那些繁杂的数据或图表都展示出来。因为听众往往无法记住所有的细节，但他们会铭记那些触动心灵的小故事。

9.2　演讲结构拆解：设计适合自己的演讲稿

一份结构清晰、逻辑严谨、富有感染力的演讲稿，无疑是企业家成功演讲的基石。设计一份适合自己的演讲稿并非易事，需要企业家深入理解演讲的结构，以精心组织内容、巧妙安排节奏。

▶ 9.2.1　时间轴叙述：清晰明了的演讲结构

在构建演讲的结构时，很多企业家倾向于遵循时间的线性脉络，以确保内容的连贯性和易于理解。具体而言，这种结构通常从回顾过去开始，过渡到描述当前，并展望未来。通过这种方式，企业家能够有效地引导听众跟随自身的思路，使听众更加轻松地理解和吸收演讲内容。

时间的清晰排序，不仅是一种策略性的安排，还是一种强有力的逻辑纽带，能够将纷繁复杂的事物与故事紧密串联起来，构建出一个条理清晰、逻辑严密的叙述框架。时间轴的运用，常常能够展现出一种宏大的叙事视角，因为它所涵盖的时间跨度可能长达数年、数十年，乃至百年之久。这种跨越时空的广度，特别契合那些胸怀壮志、志在千里的企业家的精神和气质。

在探讨如何有效运用时间轴结构时，企业家应当展现出高度的敏锐性，深入洞察不同事物或故事之间的内在联系。基于这些洞察，他们应以严谨和理性的态度，精心安排这些元素在时间轴上的先后顺序，以确保信息的逻辑性和连贯性。

在盛大的公司年度聚会上，传音控股（以下简称"传音"）的领航者竺兆江从其独特的视角，沿着公司成长的轨迹，缓缓展开了一场引人入胜的演讲。他先带领听众穿越回传音初生的年代，那时，在遥远的非洲大陆上，传音犹如一颗勇敢的种子，面对质疑与不解的狂风骤雨，依然坚持在市场的土壤中生根发芽。随后，他分享了传音如何在摸索中逐渐明确市场定位，将创新的火花融入非洲用户的日常生活中，推出了一系列既实用又充满人文关怀的手机产品。这些产品如同纽带，紧密地连接了技术与人心，让非洲用户感受到科技的温度。

紧接着，竺兆江深情讲述了传音如何在非洲市场逐渐站稳脚跟，市场份额稳步提升。传音的每一个进步都凝聚着团队的汗水与智慧，每一次成功都展现了传音对品质与服务的不懈追求。而在这段光辉的历程中，传音不仅赢得了用户的信赖，而且在行业内树立了良好的口碑。

最后，他将目光投向未来，描绘了传音在全球市场的宏伟蓝图。他强调，传音的未来不局限于非洲，更是面向世界。公司将以更加开放的姿态，拥抱全球市场的机遇与挑战，通过持续的创新与卓越的产品，让传音的品牌之光照亮每一个角落。

这场按时间轴精心编排的演讲，不仅让在场的每一个人对传音的历史与现状有了深刻的理解，而且激发了他们对传音未来发展的憧憬与期待。

▶ 9.2.2 黄金圈法则：为什么、如何做、做什么

黄金圈法则是一种结构化的思维模式，其核心理念由三个层次构成，这些层次按照由内向外的顺序逐步展开。此法则由 TED 演讲者西蒙·斯涅克提出，强调沟通中的逻辑顺序，确保信息有效传递与理解。

最核心的部分，即最内圈，代表着"Why"，即目的和动机；中间层次，即中圈，对应着"How"，即达到目的的方式和方法；最外层，即最外圈，则代表着"What"，即具体的行动和结果。黄金圈法则的结构如图 9-3 所示。

黄金圈法则

图 9-3　黄金圈法则的结构

具体而言，企业家采用 Why、How 和 What 的逻辑顺序进行演讲，即按照由内在动机至外在表现的结构布局，能够更系统地向听众揭示个人投身特定事业的深层驱动力、实施策略等，更有效地激发听众的共鸣与热情。

在以介绍企业、产品、项目为主题的演讲中，黄金圈法则很适用。以介绍产品为例，企业家可以先讲述为什么要研发并生产这款产品（Why），再表明产品怎样帮助他人或者在哪些方面改变了他人的生活（How），最后阐述这款产品的作用和价值（What）。

想要使演讲的质量更高，企业家可以在运用黄金圈法则时，在这三个方面各加入一个故事。

 案例 9-2　扎克伯格的三个故事

Facebook 创始人扎克伯格曾在清华大学进行过一场全中文演讲。这场演讲以"改变世界"为主题，讲述"为什么要创立企业"，即使命的本质。针对这样一个看似很"虚无"的主题，扎克伯格以"三个故事"为演讲框架，使这一主题落到了实处，引人入胜。

其一，"相信你的使命"。在第一个故事中，扎克伯格讲述了自己为什么要创立 Facebook——"2004 年，我创立 Facebook，是因为我觉得能在网上和人连接是非常重要的。"扎克伯格提道，彼时在互联网上，人们能看新闻、听音乐、买东西，却找不到生活中最重要的东西——人。只有与人联系、分享，才能与家人、朋友、客户建立更好的关系，社会也能因此而强大。

其二，"用心"。在第二个故事中，扎克伯格讲述了Facebook创立过程中的挑战，以及他的心路历程。例如，Facebook一开始只是一个面向学生的小产品，当时有很多人唱衰，认为这样一个只给学生用的产品无足轻重，但扎克伯格将Facebook开放给更多的人、国家，一个强大的业务由此形成。

其三，"向前看"。在第三个故事中，扎克伯格讲述了Facebook为连接世界上每一个人而作出的努力，如成立Internet.org、扩大互联网。

扎克伯格的这场演讲完美符合了黄金圈法则，因而非常有条理，逻辑性很强，吸引了在场学生的注意力。

黄金圈法则能够显著提升演讲的逻辑性和说服力。

基于这种从核心理念出发的沟通方式，企业家能够与听众之间建立深度信任关系和情感联系。它不仅让听众了解企业的产品和服务，还让他们理解背后的动机和价值。对于员工而言，这能激发他们的工作热情和提高他们的忠诚度；对于投资者而言，这能增强他们的信心；对于合作伙伴而言，这能促进更紧密的合作；对于消费者而言，这能培养他们的品牌忠诚度。

▶ 9.2.3　PREP结构：观点+理由+事例+升华

PREP是一种常见的演讲结构，由4个英文单词的首字母组成：point，即阐述核心观点；reason，即支撑观点的合理理由；example，即具体案例，用以实证观点；point，即再次强调观点，对核心观点的重申和强化。

这种表述结构旨在确保信息的清晰、连贯和说服力。在工作汇报等演讲场合中，这种结构具备显著优势，能有效协助演讲者梳理和清晰表达思维脉络。

首先，演讲者须明确亮出观点。在撰写议论文时，"开门见山"的写作手法尤为常见，其能够直接、明确地揭示文章的核心思想。同样地，在演讲一开始便鲜明地陈述观点，能够有效确立主题，确保演讲内容聚焦且高效，进而优化演讲效果。

其次，阐述理由至关重要。观点是论题，理由是支撑观点成立的论据，没有论据支撑的观点缺乏说服力，难以获得认同。在阐述理由时，企业家应梳理逻辑并引导对方深化理解。

再次，在进一步阐述的过程中，企业家应运用举例的方法，以实例作为所提出理由的有力补充。这种举例说明的方式不仅能使理由更为丰富和具象化，还能通过真实的案例切实验证理论的可行性与实用性。

最后，企业家需要进行点题升华。在整个演讲中，观点始终处于核心地位，而理由和例子的作用均在于为观点提供有力的支撑和证明。因此，在演讲的尾声，企业家需要回归主题，即核心观点。这不仅是对整个演讲内容的总结和归纳，还能够加深听众对整个演讲的印象和理解。

在应用 PREP 结构时，企业家的首要之务在于明确亮出观点，以确保听众对主旨有清晰而确切的认识。在阐述理由的过程中，企业家可以精选两三个核心理由，这样既能够充分支撑观点，又能有效传达观点。在案例选取上，企业家可以讲述与个人经历或故事紧密相关的内容，因其具备更强的代入感和说服力，有助于提升信息的传递效果。最后，企业家再次强调观点，可以进一步加深听众的印象，确保信息得以有效且准确地传达。

PREP 四步法简单易上手，即使是不善言辞的内向者，加以练习后也能够很好地掌握。当然，想要让自己的表达更加真诚且富有魅力，企业家可以在这四个板块的基础上根据具体情况作出相应的调整，灵活地添加一些用以引导、缓和气氛的寒暄或赞美的话语。

▶ 9.2.4 SCQA结构：情景+冲突+问题+答案

SCQA 结构是一种结构化的表达工具，由麦肯锡咨询顾问芭芭拉·明托在《金字塔原理》一书中提出。SCQA 包括四个关键因素：情景（situation）、冲突（complication）、问题（question）、答案（answer），建立了一个精确而有逻辑的表达框架。它能够帮助企业家构建合理的逻辑链条，让听众更容易理解和接受他的观点。

（1）情景。在当今信息爆炸且高度碎片化的时代，企业家若能巧妙地在演讲中构建生动且具体的场景或情景，将极大地增强听众的代入感与共鸣，使他们对演讲内容有更深刻的理解。这不仅有助于构建情感连接，还为后续观点的阐述奠定坚实的认知基础。

（2）冲突。在成功构建情景之后，企业家应精准地引入一个冲突。这一冲突需直击听众的痛点，激发他们的思考兴趣与探索欲望，促使他们主动寻找解决之道。

（3）问题。企业家提出冲突议题后，应紧接着抛出一个清晰且明确的问题。此举旨在激发听众进行深入思考和探究的兴趣，引导听众沿着特定的逻辑路径进行深入思考，共同探索问题的答案。

（4）答案。企业家提出问题后，还需提供一套详尽且令人信服的解决方案。这套方案应内容清晰、逻辑严密、结论明确，以构成整个表达的核心。对于听众而言，他们最为关注的是这一部分，因为这直接关系到他们的问题能否得到妥善解决，或能否获得他们所需的服务。

在苹果手机发布会的演讲中，乔布斯以精准且富有策略性的方式，运用SCQA结构有效吸引了听众的注意力。

（1）情景。乔布斯深刻剖析了当时手机市场的现状，指出市场上手机普遍存在功能单一、操作烦琐、用户体验不佳的问题。

（2）冲突。他指出，这些手机无法满足用户对便捷性、智能化及美观的迫切需求，市场与用户期望之间存在着巨大的鸿沟，这一冲突直击听众的痛点。

（3）问题。乔布斯提出问题，引导听众思考什么样的手机才能真正颠覆现状，满足他们对理想手机的渴望。这激发了听众的好奇心与探索欲。

（4）答案。乔布斯隆重推出了 iPhone，展示其创新的触摸屏幕、简洁美观的设计和强大的功能，给出了完美的解决方案。

企业家在使用 SCQA 结构进行演讲时，需要注意以下几点，如图 9-4 所示。

1.精确而简洁

在构建内容时，企业家应当严谨、审慎，确保所有元素均紧密围绕核心议题展开，同时剔除不必要的冗余信息，以确保内容的精练性和专注度。企业家在表达时应简洁明了，避免使用专业术语和复杂句式，确保信息精准传播，提升可读性和效果。

图 9-4　企业家运用 SCQA 结构演讲应关注的几个要点

2.逻辑清晰

企业家在表达时，应当精心构建逻辑链条，确保各个环节紧密相连，使听众能够流畅地跟随其思维脉络。逻辑清晰度的提升，有助于增强听众对信息的理解和记忆。

3.利用故事与案例

在精心构建演讲框架的过程中，企业家应确保逻辑链条的紧密相扣与流畅连贯，使听众能够轻松地跟随其思维脉络，不被任何断点所干扰。此举不仅能显著提升演讲的逻辑严谨性和清晰度，而且能够有效深化听众对演讲内容的理解，使他们对演讲留下深刻的印象。

4.强调价值与好处

企业家阐述观点时，应着重突显其答案和陈述中蕴含的显著价值与优势，以有效地激发听众的兴趣。这包括具体阐述实际的利益点和益处，从而促使听众产生接受并采纳其观点的动力。

5.反复练习与反馈

采用 SCQA 结构进行演讲是一个系统而深入的过程，企业家需通过持续实践与反思，并积极寻求反馈，不断深化对该结构的理解与应用。在此过程中，他们应不断尝试对自身表达方式进行调整与优化，以确保演讲效果最大化。

9.3 故事描述：好理论不如好故事

在商业演讲中，理论的重要性不言而喻，它为企业家的商业决策提供了坚实的基石和逻辑支撑。然而，鉴于演讲时间的限制，纯粹的理论阐述往往难以在短暂的时间内引起听众的共鸣，甚至可能使听众感到乏味和难以理解。

相对而言，一个精心构思的故事则能迅速捕获听众的注意力，将那些复杂且抽象的商业概念巧妙地融入生动具体的情节之中。这样的叙述方式不仅能使听众产生情感共鸣，还能让他们仿佛置身于企业家所经历的种种挑战与辉煌成就之中，从而更深刻地理解并接受演讲内容。

▶ 9.3.1 核心故事要素：冲突

冲突是故事的灵魂，它能够迅速抓住听众的注意力，使他们全神贯注地投入演讲聆听中。对于企业家而言，在演讲中巧妙地运用冲突，可以让他们的商业理念和经历更具感染力与说服力。

首先，冲突能够展现企业家所面临的挑战和困境。例如，科技行业的企业家在演讲中可以讲述创业初期资金短缺、遇到技术难题、市场竞争激烈等冲突，让听众深刻感受到创业的艰辛。这种真实的冲突更容易引起听众的共鸣，因为每个人在生活和工作中都会遇到各种各样的困难与挑战。

其次，冲突可以凸显企业家的决策和行动。面对冲突时，企业家的选择和应对策略往往决定了企业的命运。通过讲述冲突中的决策过程，企业家能够向听众展示自己的智慧、勇气和领导力。例如，一位深耕传统制造领域的企业家在面对行业转型的压力时，毅然决定投入大量资源进行技术创新和产品升级，最终成功带领企业实现转型升级。这样的故事不仅能够让听众对企业家的决策能力感到钦佩，还能为听众提供宝贵的经验和启示。

最后，冲突还能够营造紧张和悬疑的氛围，增强演讲的趣味性和吸引力。听众会好奇企业家如何解决冲突，从而保持高度的关注和期待。例如，一位餐饮业的企业家讲述企业在扩张过程中遭遇的品牌危机、管理混乱等冲突，听众迫不及待地想知道他是如何化解这些危机、带领企业实现持续发展的。

然而，要在商业演讲中有效地运用冲突，企业家需要注意以下几点。

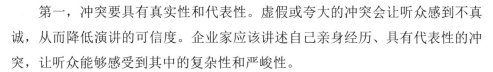

第一，冲突要具有真实性和代表性。虚假或夸大的冲突会让听众感到不真诚，从而降低演讲的可信度。企业家应该讲述自己亲身经历、具有代表性的冲突，让听众能够感受到其中的复杂性和严峻性。

第二，冲突的解决要具有启发性和可借鉴性。听众不仅关心冲突本身，还关心企业家是如何解决冲突的。因此，企业家在讲述冲突解决过程时，要详细阐述自己的思考方式、采取的行动以及从中吸取的教训，让听众能够从中获得启发和借鉴。

第三，冲突要与演讲的主题和目标紧密结合。讲述冲突只是手段，而不是目的。企业家在运用冲突时，要确保它能够有力地支持演讲的主题和目标，帮助听众更好地理解和接受自己的商业理念与观点。

总之，企业家通过讲故事，并在故事中巧妙地融入冲突这一核心要素，能够让听众更深入地了解自己的经历和理念。这样不仅能够加深听众对企业家的印象，还能使企业家的个人 IP 形象更立体。

▶ 9.3.2　设置悬念，吸引关注

在商业演讲中，企业家常常寻求独特的方式来吸引听众的注意，并有效地传达他们的理念和愿景。设置悬念是一种富有吸引力的策略，它在商业演讲中被广泛运用并取得了显著效果。

听众往往对平庸的论调不太感兴趣，如果企业家用听众意想不到的见解引出话题，营造"此言一出，举座皆惊"的氛围，便能在瞬间抓住听众的注意力，激发他们继续聆听的兴趣。这种策略不仅成功吸引了听众的眼球，还为后续的演讲内容铺设了引人入胜的基调。

企业家可以通过设置悬念，让演讲更具艺术感染力。对于一些超出自己想象的事件，听众都有强烈的好奇心和探求欲望，这会增强听众对外界信息的敏感性，激活听众的思维，让听众产生一种想要探求真相的冲动。因此，将罕见或令人震惊的事件以悬念的形式呈现，往往能收获意想不到的效果。

实际上，设置悬念的策略在日常生活中的应用极为广泛，其核心在于利用人们的好奇心来吸引关注。网络上的"标题党"就是利用网友的这种心理。在演讲过程中，企业家可以通过设置悬念让听众更愿意听自己讲话，从而将自己

的观点传达给听众。

案例 9-3　唐彬森："中国的消费落后情况和芯片是一样的"

在 2021 亚布力中国企业家论坛上，元气森林的创始人唐彬森"一语惊四座"。他直言："说句不好听的，中国的消费落后情况和芯片是一样的。"

紧接着这句发言，唐彬森阐明了他对中国消费市场的看法。唐彬森表示，在中国的消费市场中依然有非常多的外资企业，元气森林正是看准了当下的市场缺口，用六年的时间打磨好产品，与其他企业共同去补中国消费市场的短板。因此他认为，国内市场想要进一步发展，消费一定要好。最后他表示，目前国内平台经济的基础设施已经非常完备了，"未来一定是好产品、好服务的天下"。

从演讲之后的媒体通稿来看，"中国的消费落后情况和芯片是一样的"这句话确实非常引人瞩目，不少媒体直接以此为标题发布通稿，吸引用户注意力，使之点开网页一探究竟。

在论坛现场，唐彬森巧妙地设下一个悬念，他没有急于表达自己的观点，而是让听众、网友自己去猜测、质疑。这种策略成功地激发了听众的好奇心，使他们迫切地想要了解唐彬森为什么会说出这种话，从而保持对他演讲的兴趣。通过这种方式，唐彬森表达了自己对行业发展的见解，并成功地塑造出一个敢言敢为、不惧挑战的个人 IP 形象。

设置悬念的关键在于隐藏关键信息，同时用其他部分引发听众对关键信息的好奇和猜测。假设你想告诉朋友自己今天买了一袋苹果，卖家说苹果很甜，结果买回家一尝，发现苹果很酸。你在说出这段话时要怎么设置悬念呢？

如果你选择的关键信息是"苹果是酸的"，那就可以用不说结果的方式设置悬念。例如，你可以对朋友说："我今天买了袋苹果，卖家说苹果很甜，结果你猜怎么样？"如果你选择的关键信息是"卖家说苹果很甜"，那就可以用先说结果的方式设置悬念。例如，你可以对朋友说："我今天买了袋特别酸的苹果，你知道为什么吗？"

值得注意的是，设置悬念并非仅限于使用问句。实际上，只要能够精准地把握听众的兴趣所在，即使是平淡无奇的陈述，也同样能激起他们的好奇心。例如，一位企业家在演讲之初，可以如此别具心裁地开场："在开始我的分享之前，我想与你们共同探索一段我今日所遇的特别奇特的经历。"这样的表述，无疑会立刻引发听众的好奇心，他们会迫切地想要知道这段经历究竟是怎样的，以及它究竟有多么不同寻常。

虽然设置悬念有很大作用，但企业家不能故弄玄虚，也不能频频使用悬念，更不能对悬念置之不理。企业家应该在适当的时候解开悬念，让听众的好奇心得到满足。这样也能够使前后内容呼应，使整个演讲浑然一体。

例如，某位企业家举办讲座，刚开始时现场秩序比较混乱，很多听众都在忙自己的事。于是，企业家通过 PPT 展示了自己提前准备好的诗："月黑雁飞高，单于夜遁逃；欲将轻骑逐，大雪满弓刀。"随后，他指着 PPT 上的诗说："这是一首非常有名的诗，大家都认为这首诗写得很好、没有任何瑕疵，但我觉得它有些小问题。"如此，听众便都停下了自己的事，把注意力集中到演讲上，仔细听这位企业家说话。

由此可见，设置悬念不仅能够很好地吸引听众的注意力，让听众更认真地倾听接下来的演讲，而且有利于加深听众对演讲的印象，令听众回味无穷。

▶ 9.3.3　精彩描述，激发画面感与情感

在商业演讲中，企业家不仅要传达信息，还要触动听众的心灵。精彩的描述能够在听众的脑海中勾勒出生动的画面，激发强烈的情感共鸣。

在演讲中，企业家可以通过两种方法营造画面感：一是语言法，二是数字法。在使用语言法时，企业家要选择之前没有人用过或者很少有人用过、但又十分贴切的词语，这样会让听众有一种新鲜感，从而形成十分生动的画面。而那些比较常用的词语，虽然表现效果不错，但没有新鲜感，很难对听众造成冲击。

和语言法相比，数字法不常用，但其产生的效果更好。而且在使用上，数字法比较简单，只需把抽象的数字转换为具象的、可感知的画面即可。例如，企业家在描述产品的销售情况时可以说："我们在 3 年内售出了 180 亿个咖啡

滤包。180 亿个咖啡滤包有多少？能够塞满 ×× 市的所有街道，堆到 10 米左右高。"

如果企业家只描述 180 亿个咖啡滤包这一抽象的数量，听众很难对这个数字产生更深的印象，而"塞满 ×× 市的所有街道，堆到 10 米左右高"这种具象化的描述就能营造出画面感，让听众感知到产品销量的巨大体量。

商业演讲为什么要体现情感呢？因为在语言出现之前，人类就已经开始用动作、表情来传达彼此之间的情感，情感是根植在基因里的，是人类生活中不可缺少的一部分。人们更容易迅速接收、处理、响应包含在情感中的信息。

基于此，企业家想更好地让听众理解演讲的内容、传递更多信息，就需要在故事中加入情感，以唤起听众的共鸣和认同。企业家可以从以下两个方面着手。

第一，适当引发恐惧。对于美好的事物，人们都是既非常向往又害怕失去的，一旦想到有可能失去，就会感到莫名的恐惧。因此，在一个希望用情感打动听众的演讲中，应该有鲜明的对比，即对美好事物失去的恐惧和留住美好事物的幸福的对比。这样的对比可以在很大程度上引发听众对失去美好事物的恐惧，从而充分激发他们的情感。

第二，讲述自己的经历。通常来说，相同或者相似的经历更容易引起共鸣。如果企业家可以在演讲中加入自己的经历，并让听众产生同理心，那么就能打造出比较出色的商业演讲。

需要注意的是，情感体现除了要把握上述要点以外，还要把握好分寸。与过分热情的表达相比，没有感情的平铺直叙也许更有吸引力。另外，形成适合自己的演讲风格也非常重要，这不是一朝一夕就可以实现的，需要企业家不断摸索和磨炼。

▶ 9.3.4 善于引用：提升演讲的思维高度

在商业演讲中，恰到好处的引用可以为演讲增光添彩，给听众带来愉悦的体验。而且，巧妙的引用还能让演讲的内容更丰富和多元化，帮助企业家在演讲时表现得更生动、形象，大幅提升演讲的思维高度，展现企业家的个人魅力和优势。

在演讲中，企业家可以引用以下几种内容，如图9-5所示。

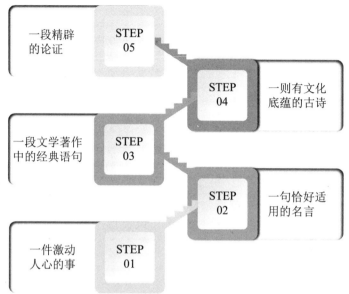

图9-5 演讲中可引用的内容

1.一件激动人心的事

很多成功的演讲都证明：一件激动人心的事，因为企业家将其描述得生动、具体，不仅可以很好地吸引听众，还能被听众长久地留在记忆中。在我们的一生中，不少事都是难忘的，如考上心仪的大学、得到期待已久的offer（录用通知书）等。企业家可以在演讲中将这些事说给听众听，达到一种事中见情、情景交融的效果。

2.一句恰好适用的名言

在演讲的过程中，适当地引用一些名言不仅能增强演讲主题的说服力，还能使演讲内容更加生动有趣，起到画龙点睛的效果。

3.一段文学著作中的经典语句

正所谓"他山之石，可以攻玉"，企业家引用文学著作中的经典语句能让演讲更有吸引力。知名演讲家李燕杰曾经做过一场名为"爱与美的凯歌"的演讲，他在演讲中进行了精彩的大段引用，如《青春之歌》中的爱情故事。有了文学著作的加成，演讲的中心思想能很好地凸显出来，听众的视野变得更开阔，整个演讲过程也能更引人入胜。

4.一则有文化底蕴的古诗

古人留下的古诗可谓字字铿锵有力，不仅充分体现了我们中华民族丰厚的文化底蕴，也能营造一种气势磅礴的氛围。

5.一段精辟的论证

无论什么功能、内容、类型的演讲，都离不开论证。演讲能否成功，关键就在于有没有深刻且有力的论证。论证是由严谨的推理演变而来的，可以帮助企业家把一个抽象而深奥的道理深入浅出地展示出来。

善于引用是企业家提升演讲思维高度、强化个人 IP 的有效手段。通过巧妙地引用名言警句、经典故事等，企业家可以让自己的演讲更加精彩、更具感染力和说服力。

自媒体打造：
新时代个人 IP 打造的主要阵地

随着自媒体的蓬勃发展，信息的传播速度和范围达到了前所未有的高度。这为企业家提供了新的机遇，使他们能够直接面向大众，分享自己的创业历程、行业见解与人生智慧，进而深化和拓展个人 IP 的内涵与外延。对于企业家来说，自媒体不仅是一种信息传播工具，还是他们构建个人 IP、深化市场影响力的核心阵地。

10.1　自媒体优势：高效传播，高效转化

自媒体具有高效传播、高效转化的优势，能够为企业家打造个人 IP 提供很大的助力。很多企业家积极利用自媒体打造个人 IP，更广泛地传播自己的理念和价值观，吸引更多目标受众，提升个人 IP 的影响力和知名度。

▶ 10.1.1　高效传播：多平台迅速传播，广泛引流

借助自媒体的高效传播优势，企业家能够实现多平台迅速传播、广泛引流，进而成功打造个人 IP，为企业发展增添强劲动力。

自媒体的兴起打破了传统传播方式的限制，让信息能够以更快的速度、更广的范围触达目标受众。对于企业家来说，这意味着可以在短时间内将自己的理念、产品或服务推广给大量潜在用户。

以微信、微博为代表的自媒体平台拥有庞大且活跃的用户群体。企业家可以根据不同平台的特点和用户画像，打造有针对性的传播内容。例如，微信公众号适合发布深度、专业的行业分析和企业动态；微博则适合进行实时互动和

热点话题讨论。通过在这些平台上发布高质量的内容，企业家能够迅速扩大传播范围、提高曝光度。

广泛引流是在多平台传播基础上的进一步拓展。引流的目的是将分散在各个平台上的潜在用户汇聚到统一的渠道，形成稳定的用户群体。这需要企业家巧妙运用各种手段，引导用户从不同的自媒体平台流向企业的官方网站、线上商城或者社群。

为了实现广泛引流，企业家可以在自媒体内容中设置明确的引导链接或二维码，方便用户一键跳转。同时，企业家可以通过举办线上活动、提供独家优惠等方式，激发用户的参与热情和兴趣，促使他们主动前往指定的引流渠道。例如，举办"关注即抽奖"活动，或者推出限时的"粉丝专属优惠券"，吸引用户关注企业家的个人账号并进入特定的引流页面。

在引流过程中，企业家需要注重用户体验和服务，确保引流渠道的流畅性和便捷性，让用户能够轻松从一个平台转移到另一个平台。同时，企业家要及时回复用户的咨询和反馈，以建立良好的沟通和信任关系，提高用户的留存率和转化率。

打造个人 IP 是企业家利用自媒体高效传播优势的核心目标之一。一个鲜明、独特且具有吸引力的个人 IP，能够给企业带来巨大的品牌价值和商业机会。个人 IP 不仅是企业家的个人形象塑造，还是一种情感连接和价值传递的方式。

通过自媒体平台，企业家可以展示自己的专业能力、创新精神、领导魅力以及社会责任感，通过自己的创业故事、成功经验、人生感悟，让用户了解一个真实、立体的人物形象。这种情感上的共鸣和认同，更容易使用户对企业产生信任和好感，从而成为企业的忠实粉丝和客户。

然而，要实现自媒体的高效传播和个人 IP 的成功打造，并非一蹴而就。企业家需要不断学习新的技术和适应新的趋势，以提升自身的内容创作能力和传播能力。同时，企业家要保持真实、诚信和持续创新的态度，不断为用户提供有价值的内容和服务。

总之，企业家应充分认识并利用自媒体高效传播的优势，通过多平台迅速传播、广泛引流，精心打造个人 IP，从而在激烈的市场竞争中脱颖而出，为企业的发展开辟新的道路。

► 10.1.2　高效转化：将更多粉丝转化为客户

对于企业家来说，充分利用自媒体的优势将粉丝转化为客户，并打造出具有影响力的个人 IP，不仅能够提升企业的知名度，还能够与客户之间建立紧密联系，提升客户的品牌忠诚度。企业家实现自媒体粉丝转化，主要有以下几种方法，如图 10-1 所示。

图 10-1　实现粉丝转化的方法

1.了解粉丝需求

企业家应当对自身的粉丝群体进行详尽的分析，以准确把握他们的兴趣、需求、年龄等关键信息。利用调查问卷、评论互动等手段，企业家能够有效地洞察粉丝的真实需求与反馈。基于这些深入的洞察，企业家能够更有针对性地创作符合粉丝期待的内容，从而更有效地将粉丝转化为稳定的忠实客户。

例如，樊登读书的创始人樊登深刻洞察到现代社会人们对知识的渴求，然而，他们常常受到时间紧迫和阅读障碍的困扰。基于此，樊登制作了既简洁又易于理解、深入浅出的书籍精讲内容，以音频和视频的形式呈现给大众。此外，根据粉丝的反馈和需求，樊登不断扩展知识的范畴，内容涉及心理学、管理学、人文学等多个领域。这种满足粉丝知识需求的策略，使得大量粉丝转化为樊登读书的付费会员和樊登的忠实支持者。

2.优质内容为王

在任何行业领域，内容都是吸引用户的关键因素。企业家应当致力于创作高质量的内容，提供具有实际价值的信息。通过创造丰富多样且独具特色的内容，企业家不仅能够吸引更多受众，还能有效维系现有粉丝群体的黏性。优质内容的形式可以多样化，包括但不限于深度的行业分析、独家的内幕揭秘、引人入胜的故事等。只要内容能够满足粉丝的需求，给他们带来实质性的价值，就能促使粉丝转化为忠实客户。

3.利用互动交流平台

企业家与粉丝之间的互动交流，对粉丝转化具有至关重要的影响。企业家应当充分利用微信公众号、微博等平台，与粉丝保持互动。企业家应积极回复粉丝的评论，参与相关话题讨论，甚至可以考虑定期举办线上直播活动。通过这些举措，企业家不仅能够与粉丝建立更为紧密的联系，还能更深入地了解粉丝的需求和反馈，为创作提供更为精准的指引。

4.举办激励活动

为了更有效地将粉丝转化为忠实客户，企业家应当精心策划并举办各类激励活动，以激发粉丝的参与热情。

例如，企业家可以举办抽奖活动，为粉丝提供实质性的奖励，以增强他们的参与动力；组织线下交流活动，与粉丝面对面互动，从而深化彼此之间的联系。精心设计的激励活动能够有效提升粉丝的参与度和黏性，有助于促使粉丝转化为忠实客户。

5.个性化推送和定制服务

个性化推送是一种高效的粉丝转化策略。企业家可以依据粉丝的浏览记录及兴趣偏好，精准地推送他们感兴趣的内容。

定制服务也是一种吸引粉丝的有效手段。企业家可以提供线上课程、会员权益等个性化服务，让粉丝感到自己受重视。这在促进粉丝转化的同时，也能带来可观的收益。

例如，雷军在微博、抖音等主流社交媒体平台上积累了庞大的粉丝基础。他通过精心策划并发布富有趣味性和实用性的内容，成功吸引了广泛的关注与互动，同时有效地展示了小米的品牌形象及其产品文化。截至 2024 年 5 月 22 日早上 7 点，雷军在抖音平台上的粉丝数量已攀升至 2 075.4 万，累计发布作品

295 部，累计点赞数高达 7 148.1 万，平均每部作品的点赞数达 24.2 万。

雷军通过个人的言谈举止，成功塑造了一位亲民、务实的企业家形象。他在社交媒体上积极与粉丝互动，回应他们的疑问，分享个人生活与工作点滴，使粉丝能够深切感受到他的真诚与亲和力。

在信息发布方面，雷军充分利用自媒体平台发布小米的产品信息，包括新品发布、产品特性等。他通过个人使用经验和评价，向广大粉丝推荐小米的产品，进而推动产品的销售。例如，每当小米推出新品时，雷军都会拍摄产品在不同场景下的应用视频，以展示其独特卖点与优势。

另外，雷军还积极在自媒体平台上举办各类活动，如抽奖、问答等，旨在提高粉丝的参与度和互动性。这些活动不仅有效提升了粉丝对品牌的忠诚度，也显著提升了品牌的知名度和美誉度。

与粉丝互动是雷军非常重视的一环。他积极回复粉丝的评论和私信，努力与粉丝建立紧密的联系。此外，他还通过直播等方式与粉丝进行面对面交流，使粉丝能够更深入地了解他和小米品牌。

总之，雷军充分运用自媒体平台的优势，成功塑造了自己的个人 IP 形象并吸引了大量粉丝。在此基础上，他进一步将关注度转化为粉丝的忠诚度，再通过深度的互动与沟通，将大量粉丝转化为实际的产品消费者。

10.2　选择合适的自媒体平台

在这个信息爆炸的时代，选对自媒体平台是企业家成功打造个人 IP 的关键。本节将探讨企业家如何根据个人 IP 特性和目标受众选择合适的自媒体平台，以实现高效传播和影响力最大化。

▶ 10.2.1　文字内容输出：微博、微信公众号、知识型平台

在数字化时代背景下，很多企业家意识到自媒体的强大力量，通过打造自媒体来提升影响力、塑造品牌形象以及与受众建立紧密联系。

在文字内容输出方面，微博、微信公众号和知识型平台备受企业家青睐。在自媒体时代，微博以其信息的全面性、传播的快速性、覆盖的广泛性深受大

众的喜爱。随着使用微博的人越来越多，其影响力也越来越大，品牌宣传阵地的价值越发凸显。这里所说的微博，特指新浪微博，它已成为众多企业家推广品牌、传播信息的首选渠道。

企业家可以通过以下方式有效运用微博打造个人 IP。

（1）日常分享。分享个人工作日常、生活感悟、行业趣闻等，展现真实、接地气的一面，增强粉丝的亲近感。

（2）热点跟进。密切关注行业动态和时事热点，及时发表见解，展现专业敏锐度和社会责任感。

（3）互动营销。利用微博的评论、转发、点赞功能，积极与粉丝互动，组织话题讨论、抽奖活动等，提升用户参与度和品牌曝光率。

（4）视觉优化。结合高质量的图片、视频和 GIF 动图，丰富内容形式，提升阅读体验，吸引更多眼球。

除了微博，微信公众号也是一种很好的 IP 推广平台。其具体又分为两种：一种是利用自己的公众号进行宣传，另一种是将品牌推广信息融入其他优秀、受欢迎的公众号中。以卜是一些提升微信公众号内容质量的策略。

（1）内容策划。围绕企业家专业领域或企业核心业务，制定长期的内容规划。确保每期文章都有明确的主题和核心观点，形成系列化、系统化的内容体系。

（2）原创优先。坚持创作原创内容，展现独特的思考视角和专业知识。避免过度依赖转载或拼凑内容，确保文章的独特性和价值性。

（3）用户画像。深入分析目标受众的需求和兴趣点，定制化推送符合其口味的内容，并通过用户反馈和数据分析不断优化内容策略。

（4）互动环节。在文章中设置问答、投票、留言板等互动环节，鼓励用户参与讨论和分享。定期举办线上活动，如讲座、研讨会等，增强用户黏性。

案例10-1 微信公众号"吴晓波频道"

在财经类自媒体运营这条赛道上，杭州巴九灵文化创意股份有限公司（以下简称"巴九灵公司"）创始人、财经作家吴晓波主理的微信公众号"吴晓波频道"可谓典范。

首先，"吴晓波频道"对其目标用户的定位十分精准。该公众号简介为"这是财经作家吴晓波带领'巴九灵'们运营的知识平台，这里汇聚了 300 多万认可商业之美、崇尚自我奋斗、乐意奉献共享、拒绝屌丝文化的新中产"。其中，巴九灵取自 890 的谐音，指代"80 后""90 后"，也就是年青一代的职场人士。

针对这一群体，该公众号为其贴上了"新中产"的标签，即收入水平尚可、文化素养较高、富有进取心、追求高品质生活的中产阶级人士。这一标签完美符合了时下年轻人对自身的期望，可见该公众号对目标用户的深入洞察。

其次，"吴晓波频道"对发布内容的要求极为严格。从内容来源上看，该公众号的内容可分为原创、原创转载（原文来自巴九灵公司旗下新媒体矩阵）、约稿原创以及外部账号授权转载。有数据显示，该公众号文章的原创度高达98%，平均每天 2.5 篇原创内容。

从内容发布流程来看，该频道有超过 40 位编辑，发稿流程如图 10-2 所示。

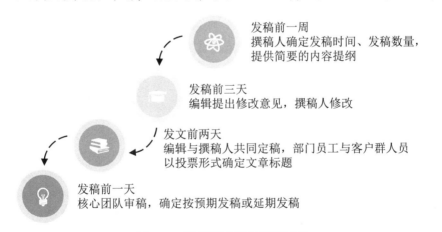

发稿前一周
撰稿人确定发稿时间、发稿数量，提供简要的内容提纲

发稿前三天
编辑提出修改意见，撰稿人修改

发文前两天
编辑与撰稿人共同定稿，部门员工与客户群人员以投票形式确定文章标题

发稿前一天
核心团队审稿，确定按预期发稿或延期发稿

图 10-2　"吴晓波频道"发稿流程

值得注意的是，该公众号不仅有严格的审稿流程，对标题的确定也非常慎重。部门员工以及客户群成员都是该公众号的核心读者，由他们选出的标题更有吸引力。而这一过程也十分"烧脑"，通常要持续两天。

正是在如此严格的把关机制下，"吴晓波频道"才能发布大量关于财经和商业趋势的深度分析文章。在该公众号中，读者不仅能了解宏观经济形势，如全球贸易格局变化对国内企业的影响，还能深入了解企业管理的方方面面，通过实际案例学习如何激发员工的创新潜能、如何建立高效的团队协作机制等。文章内容既专业又通俗易懂，深入浅出地阐释复杂概念。通过持续提供高质量内容，吴晓波不断稳固自身在财经界的专业形象。

除了上述两种媒体平台，还有一种平台在近几年广为流行，而且受到越来越多人的关注，即知识型平台，如知乎、得到、喜马拉雅等。知识型平台以其专业性和深度内容吸引了大量追求知识与成长的用户。企业家可以从以下几个方面入手在知识型平台上打造个人 IP。

（1）精准定位。明确自己在平台上的定位和目标受众群体，根据平台特点和用户需求调整内容风格与主题方向。

（2）高质量问答。积极参与平台上的问答，针对用户提出的问题提供专业、详尽的解答，展现自己的专业知识和解决问题的能力。

（3）专栏撰写。开设个人专栏或参与平台邀请的专栏写作计划，通过连载文章、系列课程等形式系统性地分享自己的经验和见解。

微博、微信公众号以及各类知识型平台为企业家提供了极佳的机会，让他们能够通过文字的传播来展示个人魅力、传播思想、塑造形象，并最终打造出具有影响力的个人 IP。在这个信息泛滥的时代，擅长运用文字的力量，成为企业家在商业竞争中脱颖而出的又一关键优势。

▶ ## 10.2.2 新闻内容输出：腾讯新闻、网易新闻、凤凰新闻

除了上述文字内容输出方式，新闻平台也是企业家进行 IP 传播的有效方式。在新闻内容输出方面，腾讯新闻、网易新闻、凤凰新闻都是值得考虑的选项。

1.腾讯新闻

腾讯新闻是腾讯团队打造的一款提供新闻资讯的应用程序，主要为用户提供多种多样的信息服务。其宣传语为"全球视野，聚焦中国，一朝在手，博览天下"，凭借优异的用户体验引发大量用户下载。

腾讯新闻以独特的原则与优势，成为广受用户喜爱的新闻客户端。对于企业家来说，与腾讯新闻合作更容易提升个人 IP 的知名度。

2.网易新闻

网易新闻是网易精心打造的新闻资讯客户端。相较于腾讯新闻，网易新闻更加个性化，版面设计更加巧妙，原创内容更加丰富。网易新闻提供极具特色的新闻阅读、跟帖盖楼、话题投票和流量提醒等功能，充分满足网友的多种资讯需求。

3.凤凰新闻

凤凰新闻是凤凰新媒体旗下的一款资讯类 App，主要的特点是采用人工智能混合推荐。其人工智能会根据用户的兴趣爱好和使用习惯来推送相应的内容，通过凤凰新闻还可以观看凤凰卫视的全部节目。

简要了解这三种新闻平台后，企业家可以结合自身特点选择合适的平台来进行 IP 宣传。但是，企业家应确保标题与内容均具备足够的吸引力，能够瞬间抓住用户的眼球。此外，如果企业家选择以视频形式进行宣传，务必控制时长，避免冗长导致观众产生疲劳感，从而丧失观看兴趣。

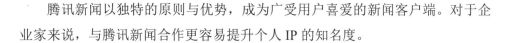 **案例 10-2　俞敏洪：从新东方到东方甄选**

作为新东方的创始人，俞敏洪在教育领域深耕多年，其见解、企业转型的决策以及个人的成长经历等内容频繁地出现在腾讯新闻、网易新闻等各大平台上。

俞敏洪对教育的深刻见解一直是媒体关注的焦点。他强调教育不仅是知识的传授，还是培养学生独立思考、创新能力和健全人格的过程。例如，发布于百度的《"教育不仅仅是知识和谋生，也是习惯培养"》，发布于腾讯网的《俞敏洪谈教育：不管在线教育多么火爆，地面教育都是不可能被废掉的》等。这些文章所阐释的观点不仅为广大教育工作者和家长提供了宝贵的参考，也让公众看到了他对教育本质的深刻理解和执着追求。

在新东方面临行业变革和挑战时，俞敏洪果断作出转型的决策。这一重大举措成为新闻热点，媒体详细报道了他如何带领团队在困境中寻找新的发展方向，如拓展素质教育、职业教育等领域。例如，发布于百度的《俞敏洪开直播带货！新东方老师纷纷转型了……》，发布于网易新闻的《俞敏洪首次谈论转型东方甄选成功的秘籍》等，这些文章展现了俞敏洪的勇气、决断力以及在逆境中求变的智慧与能力。

此外，俞敏洪的个人成长经历也极具感染力。从一个农村出身的孩子凭借坚韧不拔的毅力和对知识的渴望考入北京大学，到创立新东方并将其发展成为教育行业的巨头，他的励志故事激励了无数怀揣梦想的人。

新闻媒体对他的成长历程进行了深入挖掘和报道。例如，发布于网易新闻的《俞敏洪：乘风而起又被打回原形，崩溃边缘的淳朴与善良》，发布于凤凰新闻的《俞敏洪传奇：从草根到精英的奋斗历程！》等。这些文章促使他成为坚韧和奋斗精神的象征。

通过在这些主流新闻平台上的持续曝光和内容输出，俞敏洪成功塑造了一个坚韧、不断探索创新的教育企业家形象。他的个人 IP 不仅提升了新东方的品牌价值，也为他在教育领域的进一步发展赢得了更多的机会和资源。

企业家在选择新闻平台进行 IP 传播时，务必结合自身特点与实际情况，避免盲目跟风，确保宣传策略的有效性与针对性。

▶ 10.2.3 开启直播：名人背书，助力企业公关

在数字化时代，信息传播的方式日新月异，直播成为备受瞩目的媒介形式。对于企业家而言，这是一个绝佳的机遇，企业家通过开启直播和利用名人背书，能够塑造出独特且极具影响力的个人 IP。

直播能够实现实时互动，让企业家与观众进行面对面的交流，展现出企业家真实、亲和的一面。短视频与直播已经成为当下颇受欢迎的休闲娱乐方式，各大直播平台纷纷涌现，如 B 站、YY、抖音等，为企业家进行个人 IP 宣传提供了更多的选择。

一家著名的餐饮连锁企业因食品卫生问题遭到曝光，引起了公众的关注和质疑，严重损害了企业的声誉。为了应对这一公关危机，该企业的创始人邀请了一位在美食界享有盛誉且信誉卓著的名人进行直播。

在直播过程中，该企业家先坦率地承认了公司在管理上的失误，并详细阐述了为解决食品卫生问题所实施的一系列措施，如加强员工培训、更新厨房设施、引入第三方监督体系等。

紧接着，该名人在直播中表达了自己对食品安全重要性的见解，并探访了该企业的厨房和生产线，直观地向观众展示了卫生条件的改善和严格的质量控制流程。此外，该名人还与在线观众进行互动，解答他们关于食品安全和企业整改的疑问。

此次直播活动不仅向公众展示了该企业解决问题的坚定决心与实际行动，还借助名人的影响力与良好信誉有效缓解了公众的担忧与质疑，为企业逐步修复受损形象、重塑市场信心奠定了坚实的基础。

直播平台在品牌宣传方面起到很重要的作用。那么，企业家应该如何利用直播平台来帮助企业进行公关呢？其具体方法如图 10-3 所示。

01 认识到直播平台所具备的即时性和互动性优势

02 积极与观众沟通

03 注意直播内容的策划

04 提前做好充分的准备工作

05 需要进行持续跟进

图 10-3　企业家利用直播平台进行公关的方法

第一，企业家应认识到直播平台所具备的即时性和互动性优势。相较于传统公关手段，直播能够实现信息的实时传递，确保公众能够第一时间获得最准确、最权威的消息。在企业遭遇突发事件或负面舆情时，企业家可以迅速开启直播，出面解释情况，并阐述企业的立场和解决方案。这种即时的回应有助于遏制谣言的传播，降低不确定性，稳定公众情绪。

第二，企业家在直播中应当积极与观众沟通。在直播过程中，观众可以通过留言、提问等方式表达自己的关切和疑问，而企业家则能够及时给予回应和解答。这种双向沟通有助于增强公众对企业的理解与认同，让他们感受到企业对消费者的尊重和关注。

第三，企业家需要注意直播内容的策划。企业家可以选择在直播中发布重要的企业战略、新产品信息，或者邀请行业专家、合作伙伴共同参与，从而提升直播的专业性和吸引力。

第四，为了确保直播的效果和质量，企业家需要提前做好充分的准备工作。这包括对可能出现的问题进行预演并制定应对策略，确保直播设备稳定运行，以及与直播团队保持良好的协作。

第五，直播结束后企业家需要进行持续跟进。直播结束并不意味着公关工作终结，企业家应当对直播过程中收集的反馈和问题进行整理与跟进，持续改进企业的产品和服务，以实际行动兑现直播中的承诺。

总之，直播平台为企业家提供了一个全新的公关舞台。善用这一工具，企业家能够在复杂多变的市场环境中有效地维护企业的声誉，促进企业健康发展。

10.3　内容打造：打磨优质内容

想要打造优质的自媒体内容，企业家就要深入了解用户需求，创作出能切实解决用户痛点的内容。企业家还要注意内容的专业性，凭借自身的行业经验和知识，为用户提供深度见解。同时，企业家要密切关注粉丝反馈，认真分析每一条评论和建议，以此为依据不断优化内容。

▶ 10.3.1　专业性+服务性：满足用户需求、提供专业的内容

将专业性与服务性相结合，是企业家在自媒体平台上吸引用户、建立信任的有效策略。专业性让企业家能够以深厚的行业知识和独特的见解为用户提供权威的指导；而服务性则体现在以用户为中心，深入了解他们的需求和痛点，为其提供切实可行的解决方案。

1.专业性是根基

专业性是企业家在自媒体上立足的根本。无论是行业趋势分析、产品知识讲解，还是管理经验分享，高质量的专业内容都能够帮助企业家迅速吸引目标受众的注意，树立行业权威形象。企业家通过自媒体平台，可以将自己的专业

知识、行业经验以及对市场的独特见解，以文章、视频、直播等多种形式呈现给公众，不仅提升了个人 IP 的深度，也为 IP 增添了信任背书。

以王兴为例，作为美团的创始人，他在自媒体上频繁分享他对互联网行业的深刻见解和思考。他的内容不仅深入，还结合实际案例进行分析，给用户带来启发。王兴的自媒体内容之所以受到用户青睐，正是因为他展现了自己在互联网领域的专业性。

2.服务性是桥梁

服务性内容则是企业家与用户建立情感连接的桥梁。这意味着，除了提供专业信息外，企业家还需关注并解决用户的实际问题和需求。例如，针对用户常见的疑问提供解答，分享实用的生活或工作技巧，能让用户感受到企业的温暖和关怀。服务性内容的输出，让企业家不仅是信息的传递者，而且是用户生活中的帮手和顾问，从而提升用户的忠诚度和黏性。

例如，在自媒体平台上，雷军经常针对用户提出的手机使用问题给予解答，并提供实用的解决方案。这种服务性内容的输出，让用户感受到小米品牌的关怀和温度，从而提升了品牌忠诚度。

3.用户需求是核心

无论是专业性内容还是服务性内容的打造，其核心都在于深入理解并满足用户需求。这要求企业家保持敏锐的市场洞察力，持续跟踪用户行为变化，通过数据分析等手段，精准把握用户痛点与兴趣点。只有当用户感受到内容的价值，认为这些信息能够真正帮助他们解决问题、提升自我时，他们才会愿意持续关注并参与互动。

张一鸣在自媒体平台上发布的关于抖音算法和推荐机制的内容，就是基于对用户行为的深入研究和理解。这些内容不仅满足了用户的好奇心，也提升了抖音的品牌形象。企业家需要时刻关注用户的需求变化，不断调整内容策略，以确保能够持续提供有价值的内容，吸引并留住用户。

总之，企业家在自媒体上打造"专业性＋服务性"的内容，是适应数字时代营销环境的重要举措。它不仅能够有效提升企业家个人及其 IP 的影响力，还有助于企业家在激烈的市场竞争中打造差异化的竞争优势。通过持续输出高质量的内容，企业家不仅能够吸引并留住用户，还能激发用户的参与热情，共同构建一个充满活力与价值的社群生态。

▶ 10.3.2 关注粉丝需求：根据粉丝反馈，优化内容

对于企业家而言，打造一个成功的自媒体，不仅需要展现其专业素养和商业洞见，还需以粉丝需求为核心，根据粉丝反馈持续优化内容。

粉丝群体作为自媒体发展的基石，其需求的理解与满足至关重要。粉丝的需求多样，涵盖对行业知识的渴求、创业经验的探寻、精神层面的激励与启发，以及休闲娱乐的放松。

企业家应通过市场研究、粉丝互动及数据分析等多种途径，细致洞察粉丝的年龄层次、职业背景、兴趣爱好及核心关注点。这些深度洞察将为内容创作提供精准指引，确保所发布的内容能够精准匹配并满足粉丝的期望。

为了更好地优化自媒体内容，企业家需要建立有效的渠道来收集粉丝的反馈。常见的渠道主要有以下几种。

1.评论区互动

粉丝在评论区留下的意见和建议，是最直接且即时的反馈来源。企业家应定期浏览并积极回复这些评论，对其中具有价值的反馈给予高度重视并表示感谢，展现对粉丝声音的尊重与重视。

2.问卷调查

企业家可精心设计问卷，利用专业的在线调查工具或社交媒体平台发布问卷链接，诚挚邀请广大粉丝参与并提出宝贵意见。这种方式能有效帮助企业家收集粉丝的多元化意见和建议，进而深入洞察用户需求，识别潜在的改进空间，以实现更为精准的内容定位和服务优化。

3.社交媒体监测

企业家可利用 Google Analytics 等数据分析工具，对粉丝的行为和互动模式进行跟踪与分析。基于此，企业家能够精准把握用户的喜好、访问习惯等关键信息，进而调整和优化内容策略，以实现更高效的信息传播和用户互动。

案例10-3　"老爸评测"的创始人魏文锋

　　魏文锋曾就职于一家检测机构。一次偶然的机会，他发现女儿所使用的书皮存在安全隐患，这一发现让他开始关注日常生活中各类产品的安全性问题。为了唤起公众对这些问题的重视，他创立了"老爸评测"这一机构。

　　魏文锋极为重视与粉丝之间的互动与沟通。他通过社交媒体、网络直播、微信公众号等多种渠道与粉丝保持密切的联系。在网络直播中，他会详细地展示产品的检测流程和结果，并对粉丝提出的问题进行解答。

　　为了更有效地收集粉丝的反馈，他鼓励粉丝在评论区分享他们遇到的产品问题或对产品的疑问，并设立了专门的客服渠道，以便及时回应粉丝的咨询和建议。

　　通过这些互动，魏文锋收集了丰富的粉丝反馈信息。他根据这些反馈不断优化评测内容和方法。例如，针对粉丝关注的产品类别，他会进行更深入、更全面的检测；对于有争议的检测结果，他会进一步阐释和说明，以提升评测的透明度和可信度。

　　在产品推荐方面，"老爸评测"基于粉丝的需求和反馈，推出了一系列经过严格检测、符合安全标准的产品，满足了消费者对高品质生活用品的追求。

　　凭借其专业的检测知识、对产品质量的严格把控以及与粉丝积极互动的态度，魏文锋成功塑造了个人 IP。"老爸评测"也赢得了良好的声誉和消费者的信任，帮助众多消费者在琳琅满目的产品中作出更明智的选择。

　　注重与粉丝的互动和沟通，收集反馈并持续优化对外输出的内容，是企业家在当今竞争激烈的市场中脱颖而出的关键所在。基于此，企业家不仅能够打造更具竞争力的产品和内容，还能塑造令人尊敬和信赖的个人 IP 形象，为企业的长远发展奠定坚实的基础。

10.4　案例解析：借自媒体打造个人IP

　　在数字化浪潮的推动下，自媒体已成为塑造个人形象、构建个人 IP 的有效媒介。许多成功人士借助自媒体的力量，成功实现个人价值最大化。

▶ **10.4.1 罗振宇：《罗辑思维》成就个人IP**

罗振宇是"得到"App 的创始人，他打造了视频自媒体《罗辑思维》，并在长期输出知识的过程中建立了自己的个人 IP。

2012 年 12 月 21 日，由罗振宇打造的视频自媒体《罗辑思维》正式上线。该视频自媒体以"有种、有趣、有料"为口号，以"帮大家读书"为使命。罗振宇是一个不折不扣的读书专家，通过《罗辑思维》分享了很多读后感，引发了很多人的思考。

在《罗辑思维》节目中，罗振宇凭借丰富的知识储备和幽默的语言特色赢得了广泛关注，受到了人们的欢迎和喜爱。在由凤凰视频和凤凰卫视资讯台共同举办的第一届"视频新闻盛典"上，罗振宇被授予"自媒体奖"。这标志着他得到了高度的认可，成为自媒体领域一个响当当的人物。

当前人们的生活节奏加快，大多数人的时间都花费在工作上面，即使是周末，也很少有人有时间坐下来认真地读完一本书。而罗振宇洞察到了这一痛点，通过《罗辑思维》向想读书的人群分享自己读书的经验，帮助那些想读书却没有时间和精力的人读书。无论是罗振宇，还是他的团队，都具有丰富的知识储备，依靠这个优势，他们从大量的畅销书中挑选出高质且优秀的那一部分，然后再由罗振宇将读书后的心得体会分享出来，引起人们的思考。

在短视频中，罗振宇会讲解书中的重点内容，会对历史进行阐释，对社会热点进行深刻剖析，同时其语言风趣幽默。不得不说，《罗辑思维》做到了知识与趣味的完美结合，让人们在观看视频的同时还能够学到知识。这样的形式在之前没有出现过，所以对于追求新鲜感的人来说的确很有吸引力。

在视频制作方面，罗振宇也很用心，无论是画面效果，还是语音质量，都力求上乘。另外，他对节奏的把控十分得当，视频会有两次中断，进行好书推荐以及微信公众号推广。这两次中断就像课间休息一样，给人们一个缓冲的时间，所以，人们观看视频时，不会感到疲劳和厌烦。

《罗辑思维》具有非常重大的教育意义，罗振宇所讲解和推荐的书能带给

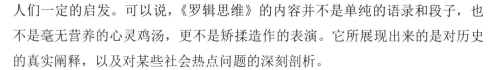

人们一定的启发。可以说，《罗辑思维》的内容并不是单纯的语录和段子，也不是毫无营养的心灵鸡汤，更不是矫揉造作的表演。它所展现出来的是对历史的真实阐释，以及对某些社会热点问题的深刻剖析。

要想让视频出彩，除了要有料以外，还不能太无趣。在信息爆炸的情况下，人们对信息的要求比较高，对于那些过于无趣的视频，他们会拒绝。

提起罗振宇中央电视台前主持人的头衔，大多数人可能会不由自主地为他贴上严肃、一丝不苟的标签，但他偏偏反其道而行。在《罗辑思维》节目中，罗振宇表现得十分风趣幽默，甚至还会进行自我调侃，营造了一种欢快轻松的氛围。

如果罗振宇仅是机械性地向人们讲述知识、介绍好书，则很难收获如此大量的粉丝，《罗辑思维》也不会成功、拥有那么高的播放量。可以说，《罗辑思维》能有今天的成就，罗振宇的"有趣"占了"军功章"的一大部分。

除了《罗辑思维》以外，罗振宇每天在微信公众号上发布一段时长 60 秒的语音，一直坚持了 10 年。2022 年 12 月 21 日，10 年期满，60 秒语音终止。那么，为什么一直都是 60 秒呢？

从营销的层面来看，罗振宇的 60 秒语音也许并不只有坚持这么简单。实际上，这件事情是罗振宇这个"自媒体老江湖"为了广泛宣传《罗辑思维》而采取的一种手段。我们可以想象一下，如果语音的长度根本不固定，今天是 49 秒，明天又变成 53 秒，则不容易被人们记住。

而罗振宇把每一段语音的长度都控制在 60 秒，久而久之，它就会成为《罗辑思维》的标志。于是，人们一提到 60 秒语音，就可以直接联想到罗振宇和他的《罗辑思维》。

从打造《罗辑思维》系列节目到创办"得到"App，罗振宇一直在坚持知识输出。如今，罗振宇已经成为一个知名的个人 IP，其传递的知识和理念也影响了越来越多的人。罗振宇凭借一人、一桌、一椅、一团队，将《罗辑思维》发展到今天的地位实属不易。"有种、有趣、有料"的口号、"帮大家读书"的使命、"死磕到底"的坚持、认真对待粉丝的原则都为此添了砖、加了瓦。

毋庸置疑，无论是罗振宇还是《罗辑思维》，都不再只是一个人或者视频自媒体，他们传递知识、自由以及美好的生活理念，已经成为很多人的精神寄托。

▶ 10.4.2 董明珠：完善个人形象，深化品牌

董明珠被称为"铁娘子"，这与其说一不二的行事风格密切相关。在公司管理方面，她制定了严格的管理制度，并严格按照制度行事。例如，她规定员工不能在上班时间吃东西，当她发现有员工违反规定时，就会对员工进行处罚。

同时，董明珠十分重视员工对公司的忠诚度。格力有一条不成文的规定："如果从格力离开，就永远不要指望再被格力接纳。"曾经有一名从格力辞职的员工联系董明珠，表示自己希望能够重返格力，尽管这名员工能力出众，但董明珠还是拒绝了他的请求。

此外，在营销过程中，董明珠也始终坚持自己的原则，不断创新。目前，董明珠已经在微信公众号、微博、今日头条等平台上线了"董明珠自媒体"。"董明珠自媒体"自上线以来就成了董明珠与大众沟通的重要纽带，定期发布她参与的社会活动以及对直播行业等时下热点的看法，也会发布一些董明珠的日常生活照片。

"董明珠自媒体"完善了董明珠的个人形象，深化了其个人 IP。在直播销售非常火爆的情况下，董明珠亲自试水直播，首次直播即引来 400 余万人围观。一些人并没有购物需求，但依旧观看了直播。

在直播过程中，董明珠向消费者展示了格力产品的研发流程，也展示了格力的科技实力和对产品质量的高要求。通过直播，人们不但了解了格力的产品，还了解到董明珠对科技创新和产品质量的追求。

综上所述，通过直播，人们能够看到董明珠的个人魅力。这种多方面的个人展示无疑丰富了董明珠的个人形象，也有利于其个人 IP 的传播。

▶ 10.4.3 医生自媒体运营的黄金法则

如今，很多医生积极利用自媒体平台，以严谨、专业的态度分享医学知识，旨在提升自身在行业内的专业影响力。同时，他们通过这一渠道为公众提

供便捷的健康咨询服务，满足公众对健康信息的需求，助力健康知识普及与传播。以下是医生自媒体运营的几条黄金原则。

1.确定目标受众

医生打造并运营自媒体，需清晰界定其目标受众群体，包括但不限于普通公众、患者群体以及医学领域的同行。深入理解并把握这些目标受众的需求与兴趣点，医生能够创作出更具针对性和吸引力的内容，以满足不同用户群体的需求。

2.选择合适的平台

在选定自媒体平台时，医生应充分考虑目标受众的使用习惯。鉴于不同平台具备差异化的内容呈现方式及特定的用户群体，医生应基于自身的专业特性及受众偏好作出选择，以确保信息的有效传递与接收。

3.内容质量至上

鉴于医疗信息对公众健康的重要性，医生自媒体发布的内容在准确性和专业性上必须严格把控，这是其生存与发展的根本。同时，医生还需考虑受众的理解能力，采用通俗易懂的语言和表达方式，确保非医学专业的公众也能轻松理解医学知识。

4.互动与反馈

医生应积极、及时地回应粉丝的评论与私信，并对他们提出的问题给予详尽、准确的解答。这不仅有助于加深与粉丝之间的互动，增加粉丝的忠诚度和黏性，还能使医生更准确地把握受众需求，从而不断优化内容创作与输出策略。

5.遵守法律法规

在医疗健康领域，存在一系列严谨且严格的法律法规。这些规定为医生发布医疗相关内容设定了明确的法律边界和约束，以确保信息的准确性和合规性。

医生必须恪守相关法律法规，避免发布虚假或误导性的信息，以免因此承担法律责任。

6.定期更新内容

定期更新内容不仅有助于维持粉丝的期待与兴趣，还能有效提升他们的回访频率。同时，医生应紧跟行业动态，不断更新自身知识储备，以确保所提供的内容既具有时效性又充满前瞻性。

钟若雷医生，医学硕士，血管外科领域的领军人物，其个人 IP 定位是"权威的血管外科专家，致力于您的健康守护"。他通过个人微信公众号这一平台，定期发布血管外科相关的专业科普文章，涵盖静脉曲张视频科普及下肢静脉曲张实际案例等内容，形成独具特色的"从医而钟"系列内容。此外，钟医生还利用抖音平台创作了一系列简洁明了的科普视频，以便更广泛地传播血管外科知识，并在评论区积极解答观众的疑问，提供专业的指导。

总之，医生自媒体运营需深度融合专业知识与互联网传播特性，通过发布高质量内容、促进有效互动及严格遵守法律法规，不断增强个人影响力，为公众健康贡献力量。

粉丝运营：
会吸引粉丝，更要学会留存粉丝

在打造和传播个人 IP 的过程中，粉丝运营是关键一环。企业家不仅要懂得如何凭借自身的独特魅力、理念和价值观吸引粉丝，还要学会通过持续输出有价值的内容、积极互动交流、展现真诚关怀等方式留存粉丝，让粉丝感受到被重视，从而对企业家产生持久的忠诚。

11.1 个人 IP 的价值体现为粉丝的价值

企业家个人 IP 的价值，归根结底是粉丝价值的映射。它体现在粉丝的忠诚度、活跃度、消费力以及他们所带来的社交资本上。成功的企业家个人 IP，能够激发粉丝的共鸣与参与，共同创造有价值的内容与体验，从而实现双方价值的共同提升。在这个过程中，企业家个人 IP 与粉丝之间形成了一种紧密的情感联系，相互成就，共同成长。

▶ 11.1.1　1 000个铁杆粉丝理论

美国知名学者凯文·凯利曾提出"1 000 个铁杆粉丝"理论。该理论认为，任何创作者想要谋生，只需要获得 1 000 个铁杆粉丝即可。同时，他还认为，铁杆粉丝指的就是无论创作者创作出什么东西都愿意为此买单的人。

天猫平台官方数据显示，粉丝的平均购买力比非粉丝高出 30% 左右，在营销活动转化率方面，粉丝大约是非粉丝的 5 倍。

在企业家打造个人 IP 的过程中，粉丝也是至关重要的，其价值主要体现在以下两个方面。

1.分享转发

粉丝是坚定的追随者，会无条件支持自己喜欢的人，同时还会分享与转发和企业家有关的消息。所以，即使粉丝没有产生任何利益行为，其分享与转发也会给企业家个人 IP 带来更多曝光。当然，企业家要想激发粉丝的分享与转发欲望，还是要在内容和自身优势上下足功夫。首先，企业家要输出高质量内容；其次，企业家要不断提升自己的能力，用人格魅力吸引粉丝。

2.终身留存

粉丝的价值还体现在终身留存方面。在衡量粉丝的价值时，企业家不仅要看其当下的利益行为，还要对其留存时间内的分享与转发行为进行分析。

一般来说，与维护一个老粉丝相比，获得一个新粉丝的成本更高，因此，企业家不能忽视老粉丝。在当下这个看重内容和服务的时代，企业家要想维护老粉丝，高质量的内容和贴心的服务是必不可少的。

粉丝的价值不言而喻，而作为"偶像"的企业家有必要为自己发展更多粉丝，正所谓"得粉丝者得天下"，只有掌握吸引粉丝的技巧，企业家才能更好地建立和传播个人 IP，在 IP 时代取得更亮眼的成绩。

▶ 11.1.2 挖掘第一批粉丝，打响IP运营第一枪

企业家在开始运营社交媒体时，就要思考怎样获得第一批粉丝，并借助他们的力量打响个人 IP，推动个人 IP 传播。要做好这件事情，企业家可以从以下几个方面着手。

1.发布与社交平台风格相符的内容

不同的社交平台有不同的内容表现形式和用户基础，要想通过社交平台获取粉丝，企业家就要了解不同社交平台的特点。例如，抖音是当下火热的短视频直播平台，许多人在入驻抖音时都会上传自我介绍的短视频或开启直播，以吸引人们关注；小红书以图文并茂、注重生活美学与产品评测的特性闻名，企业家在此平台上应侧重于分享个人真实体验、详细评测及实用技巧，以亲和力和专业度赢得粉丝青睐。

某美妆品牌创始人在小红书上发布的第一篇笔记是她亲自试用产品的详尽

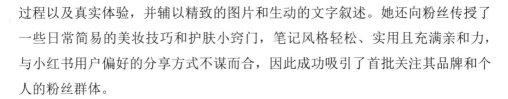

过程以及真实体验，并辅以精致的图片和生动的文字叙述。她还向粉丝传授了一些日常简易的美妆技巧和护肤小窍门，笔记风格轻松、实用且充满亲和力，与小红书用户偏好的分享方式不谋而合，因此成功吸引了首批关注其品牌和个人的粉丝群体。

2.设置优惠活动

设置优惠活动是获得第一批粉丝的有效方法之一。很多企业家在开通微博、入驻抖音和B站时都会设置一定的福利活动，如转发抽奖、直播抽奖等，以吸引粉丝关注。

3.展现自身专业性

展现自身专业性也是吸引第一批粉丝的有效方法。例如，聚美优品刚成立时，面临无法吸引第一批粉丝的问题。为了缓解这一局面，聚美优品联合创始人戴雨森在人人网注册了一个账号，将自己"包装"成一位BB霜达人，并发布了一个关于BB霜的帖子。该帖子讲述了什么是BB霜，并教大家如何使用BB霜。

戴雨森的帖子既具有一定的专业性，语言又不失俏皮，所以没过多长时间就获得了几十万的阅读量，还吸引众多女性粉丝在社交平台上分享。另外，戴雨森在帖子的末尾植入了聚美优品的链接，实现了内容与网站的相互融合。

不仅如此，帖子发布后还影响了女性粉丝的心理认知。在女性粉丝看来，BB霜已经成为好用又不贵的化妆品的代名词。通过此次活动，戴雨森获得了第一批粉丝，其知名度和影响力也有了很大提升。

企业家需要通过精心策划、用心创作获取第一批宝贵的粉丝，然后再以这第一批粉丝为火种，通过持续地输出优质内容和互动，逐步推动个人IP在社交媒体上广泛传播。

▶ 11.1.3　粉丝经济：可持续盈利的商业模式

在成功吸引到第一批粉丝后，企业家就要在粉丝体验上多下功夫，以形成粉丝经济，实现可持续盈利。

粉丝经济的核心在于粉丝对特定对象的热情与支持，这种情感纽带能够转化为强大的商业推动力。对于企业家而言，粉丝不仅是产品或服务的消费者，而且是其个人 IP 的传播者以及个人形象的塑造者。

📝 案例11-1 吴晓波的巴九灵新媒体矩阵

吴晓波凭借其个人 IP 强大的影响力，创立了杭州巴九灵文化创意股份有限公司（以下简称"巴九灵"）。该公司运营着一个庞大的新媒体矩阵。其以微信公众号"吴晓波频道"为主体，包含"德科地产频道""思想食堂订阅号""德科空间站"等十余个公众号。

不只是微信公众号，巴九灵还通过微博、头条号、喜马拉雅、咪咕阅读等平台，以及小程序与 App 分发内容，以此形成各种社群，粉丝规模庞大。

在商业盈利方面，巴九灵并非"一刀切"，而是准备了不同类型与价格梯度的产品，既有 9.9 元的线上入门课，也有 1 800 元的高端培训，线下也是如此。而在产品内容方面，巴九灵洞察粉丝需求，课程尽量弱化理论、重实战，尽可能多地给粉丝带来"干货"。

在线下方面，巴九灵定期举办泛财经知识传播活动，为不同社群的成员创造互动场景。而购买产品的用户会在该场景下自发交流使用经验、转介绍等，实现现场潜在用户的付费转化。

多样化的交流场景与产品内容，使得巴九灵的商业价值不断提升，同时进一步巩固并提升了吴晓波个人 IP 的影响力，形成良好的品牌生态循环。

如何巧妙地利用粉丝经济来提升个人 IP 价值，成为众多企业家关注的焦点，如图 11-1 所示。

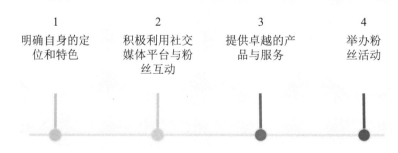

1	2	3	4
明确自身的定位和特色	积极利用社交媒体平台与粉丝互动	提供卓越的产品与服务	举办粉丝活动

图 11-1　企业家如何利用粉丝经济来提升个人 IP 价值

首先，企业家需要明确自身的定位和特色。要想在众多竞争对手中脱颖而出，企业家就要拥有独特的个人魅力和价值观。

其次，积极利用社交媒体平台与粉丝互动至关重要。社交媒体为企业家提供了直接与粉丝交流的渠道。企业家可以在社交媒体上分享工作日常、生活点滴、行业见解等，并及时回复粉丝的留言和评论，增强与粉丝的互动和情感联系。

再次，提供卓越的产品与服务是基础。粉丝之所以成为粉丝，很大程度上源于对企业产品和服务的认同。只有不断地提升产品质量和服务水平，才能持续获得粉丝的信任与支持。以海底捞的张勇为例，他凭借对服务品质的极致追求，使海底捞在餐饮行业中脱颖而出，同时为自己树立了良好的口碑和个人形象。

最后，举办粉丝活动是提升粉丝凝聚力的有效策略。这些活动包括线下的见面会、粉丝节，或线上的直播互动、好物分享等。通过这些活动，粉丝能感受到特别的待遇和关注，从而拉近彼此的距离，进一步加深对企业家的喜爱和认同。

要想获得粉丝的青睐，企业家就不能忽视粉丝体验的提升。提升粉丝体验不仅有利于传播和推广个人 IP，还能有效增强粉丝黏性，从而形成粉丝经济。

11.2　粉丝获取：阶段不同，方法不同

在竞争激烈的商业环境中，粉丝的积累和维系对企业的成长与发展具有重要的意义。值得注意的是，随着企业所处发展阶段的变化，其获取粉丝的策略也应相应调整，以适应不同阶段的需求与挑战。

▶ 11.2.1　初期阶段：种子粉丝不可忽视

种子粉丝不仅是企业家的忠实追随者，而且是企业家个人 IP 传播的先锋。他们高度认同企业家的理念和愿景，愿意积极传播和推广企业家 IP。

种子粉丝的作用巨大，是企业家个人 IP 运营中不可或缺的一部分。种子粉丝具有两个优点，如图 11-2 所示。

忠诚度高　01

02　有号召力

图 11-2　种子粉丝的优点

1.忠诚度高

种子粉丝的忠诚度高，即便在企业家账号运营初期影响力有限的情况下，他们依然坚定不移地支持企业家。对于企业家而言，要想让账号保持运营的状态，种子粉丝的作用不可忽视。这些粉丝从运营初期一直陪伴到中期甚至后期，相比普通粉丝，他们的忠诚度更高。因此，企业家应当珍视这些种子粉丝，适时地策划一些活动来回馈他们，让他们感受到自己被重视。

2.有号召力

除了忠诚度高外，种子粉丝还具备强大的号召力，这对企业家账号的发展至关重要。他们会在自己的社交圈内积极传播和推荐企业家 IP，吸引更多潜在粉丝的关注。

综上所述，种子粉丝不仅忠诚度高，而且号召力强，能够为企业家 IP 和其账号的运营提供宝贵的支持与帮助。因此，在粉丝获取的初期阶段，企业家应高度重视种子粉丝的重要性，努力与他们维系好关系。

11.2.2　粉丝扩展：引导粉丝发展粉丝

随着社交媒体的蓬勃发展，粉丝的力量日益凸显。然而，仅拥有一定数量的粉丝是不够的，如何实现粉丝的有效扩展至关重要。引导粉丝发展粉丝，是一种创新且高效的策略。

首先，企业家要做好专业内容的持续输出，通过产品发布会、直播、接受采访等方式不断向粉丝传递专业知识。

其次，企业家要通过产品向粉丝传递价值。粉丝之所以成为一个人的粉丝，除了受这个人的个人魅力影响外，也表明其对这个人一手打造的产品存在需求。因此，企业家需要了解粉丝对产品的需求，通过推出更先进、质量更好的产品满足粉丝的需求。

最后，适当的物质激励也可以有效地留存粉丝。企业家可以通过转发抽奖、提供优惠、发放红包等方式对粉丝进行物质激励，增强粉丝黏性。

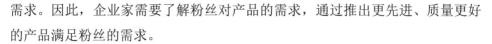

案例11-2　黄峥：社交电商新模式

在拼多多初创和成长阶段，其创始人黄峥展现出非凡的商业智慧和开拓精神。他独辟蹊径，开创了一种全新的社交电商模式。这种模式的核心在于鼓励用户积极分享商品链接，并邀请他们的亲朋好友一同参与拼团购物。

黄峥精心设计了一系列活动和策略，旨在激发用户的参与热情。他通过各种优惠和奖励机制，鼓励用户自愿成为拼多多的"传播大使"，从而吸引更多新用户加入。用户间的口口相传和社交网络上的分享，使得拼多多的用户基础迅速扩大。

随着用户数量的增加，黄峥的个人IP影响力也逐渐扩大。他的商业眼光和领导才能赢得了更多人的赞誉与认可。黄峥不仅在商业上取得了巨大成功，还给我国电商行业带来了新的活力。

为了培养粉丝并促进其发展，企业家应赋予粉丝一种使命感，让他们认识到，他们不只是追随者，还是企业家IP的传播者和共同创造者。企业家可以通过分享个人故事和理念，激发粉丝内心的热情和认同感，促使他们主动将企业家的个人IP推荐给周围的人。例如，强调共同的目标和愿景，让粉丝感受到自己正在为一项宏伟事业贡献力量。

教育和培训粉丝同样至关重要。企业家可以提供关于传播技巧和方法的指导，帮助粉丝更高效地传播企业家个人IP。例如，教授如何制作引人入胜的分享内容，如何在不同的社交圈子中进行精准传播，以及如何应对可能出现的问题和质疑。

同时，创造独特的粉丝体验能够提升粉丝的积极性，如举办专属活动、提供限量版产品或服务、给予特殊福利等。当粉丝拥有独一无二的体验时，他们将更有动力去分享，并吸引更多人加入。

创建粉丝社群也是一种有效的策略。在社群中，粉丝可以相互交流、分享经验，形成一个紧密的网络。企业家可以通过社群发布任务、发起活动，引导粉丝共同为传播企业家个人 IP 而努力。同时，社群内部的良好氛围和互动也会吸引更多人加入。

另外，鼓励粉丝创新和参与内容创作也是激发粉丝积极性的有效方式之一。企业家可以开展粉丝创作比赛，让粉丝以企业家的个人 IP 为主题进行创作，如文章、图片、视频等。优秀的作品不仅可以作为传播素材，还能让粉丝感受到自己的价值和贡献。

总之，引导粉丝发展粉丝需要企业家注重与粉丝关系的建立和维护，不断创新和优化运营策略，以提升粉丝的参与度、忠诚度和传播力。

► ### 11.2.3 势能爆发：设计粉丝体验

在新媒体时代，粉丝不再是旁观者，而是企业家个人 IP 发展的积极参与者和推动者。通过精心设计的粉丝运营策略，企业家能够激发粉丝的热情和创造力，形成强大的势能。

企业家如果想获得更多的粉丝，并让他们成为 IP 传播推广的主力军，就要提升粉丝的体验。如何才能让粉丝体验爆棚？企业家可以从以下三个方面着手，如图 11-3 所示。

图 11-3　让粉丝体验爆棚的技巧

1.实现情感需求的释放

粉丝通常不仅对产品或服务有兴趣，还在寻求一种深层次的情感连接和共鸣。因此，企业家要理解并满足粉丝内心的情感需求，确保这些需求在互动过

程中得到充分释放，使他们感受到被理解、被关怀、被尊重。

2.深入粉丝的精神世界

过去，企业家主要聚焦产品质量与优势的推广。然而，在当今产品同质化日益加剧的环境下，粉丝的观念与情感已提升至新的高度，促使企业家将目光投向更深层次的精神满足。每位粉丝都拥有独特的价值观、梦想与追求。企业家需深入粉丝的内心世界，洞察他们的精神向往，使企业的使命、价值观与粉丝的精神追求相契合。

以一家致力于环保事业的企业为例，其领导者通过积极分享企业在环保领域的卓越贡献与成就，激发了粉丝对地球家园的深切关爱与责任感，领导者还鼓励粉丝积极参与各类环保活动。在这一过程中，粉丝不仅为环保事业贡献了自己的力量，还在实践中实现了自身的精神追求。这种深入灵魂的连接，极大地增加了粉丝对企业的认同感与忠诚度。

3.不断提高服务水平

从严格把控产品质量、提供精细化的售后服务，到客户咨询的即时响应，每一个环节都关系到粉丝的体验。企业家应致力于打造一支专业且高效的客服团队，确保粉丝在遇到问题时能够迅速获得满意的解决方案。同时，通过不断优化产品设计，使之更加贴近粉丝的需求与使用偏好，进一步提升他们的满意度。

此外，企业家还可通过提供个性化服务来增强粉丝的归属感。例如，为粉丝量身定制专属产品或推出个性化的优惠活动，让他们感受到独一无二的关怀与尊重。

如果企业家希望建立更广泛的粉丝基础，并将他们转化为推广力量，就要专注于优化粉丝体验。这不仅有助于推广企业家个人 IP，还能显著提高粉丝的忠诚度。

11.3　粉丝运营技巧：关注需求，满足需求

粉丝是企业家成功打造个人 IP 的重要影响因素，其坚定的支持能够推动

企业家个人 IP 不断发展。然而，要赢得粉丝的真诚拥护并非易事。企业家需高度重视粉丝的感受，深入洞察其期望，并通过持续的互动与沟通，与粉丝建立起稳固而深厚的情感联系。

▶ 11.3.1 重视粉丝感受：体验感+参与感+归属感

重视粉丝感受，实则是对他们内心需求、热切期望与潜在痛点的深入洞察。这不仅局限于企业家向粉丝提供优质的产品或服务，而是在每一次交互中，都能让粉丝感受到被尊重、被珍视。

在营造体验感上，企业家需确保粉丝与企业或品牌的每一次接触都能收获卓越、独特且始终如一的体验。这涵盖了产品或服务的高品质保障、线上线下交互界面的精致设计、客户服务的迅捷响应等。

例如，打造直观易懂、操作简便的产品界面，或快速而高效地处理粉丝的疑问与反馈，都能显著提升粉丝的满意度与体验感。

在提升参与感方面，企业家应积极邀请粉丝参与企业的各项决策、产品研发及活动策划等环节。这包括但不限于通过投票、问卷调查、意见征集等多元化方式，让粉丝的声音被听见，让他们感受到自己的意见和建议对企业具有实质性的影响。

此外，还可以举办粉丝共创活动，如携手粉丝共同设计一款产品、共同完成一项具有社会意义的公益任务等，让粉丝真正成为企业发展的伙伴和共同创造者。

2024 年 4 月，恒信钻石机构、I Do 品牌创始人李厚霖开启了为期两天的I Do &"厚爱公主"品牌首发珠宝专场直播，正式推出与粉丝共创的品牌"厚爱公主"，以回馈粉丝、感谢粉丝的厚爱。

某国货美妆品牌创始人曾举办一场别开生面的粉丝共创活动，邀请粉丝深度参与产品设计、包装创意等环节。例如，在推出新的眼影盘系列时，他广泛征集粉丝对色彩搭配、粉质要求等方面的意见，使粉丝参与产品研发过程，获得参与感与成就感。

在构建归属感上，企业家应努力塑造一个共同的身份与价值观，让粉丝感受到自己是企业大家庭中不可或缺的一员。企业家可以通过成立粉丝俱乐部、推出会员制度、创建专属社群等方式，为粉丝打造一个交流与互动的平台，加深他们之间的联系与对企业的认同感。同时，定期举办仅限粉丝参与的活动或提供专属福利，更能让粉丝感受到自己的特殊地位与尊贵待遇。

▶ 11.3.2　个性化内容打造：为粉丝提供价值

成功的粉丝运营模式，无疑能给企业家带来难以估量的价值。在这一模式中，个性化内容的精心策划与切实价值的提供是两大核心要素。

个性化内容是吸引粉丝目光、建立深厚情感联系的坚固基石。在信息泛滥的时代，那些千篇一律、缺乏新意的内容已无法引起粉丝的共鸣和兴趣。企业家需深入挖掘粉丝的内在需求、偏好以及行为特征，并以此为依据，创造出既独特又具有针对性的内容。

为粉丝提供切实价值，是粉丝运营的核心要义。这种价值可能体现在知识的增长、情感的满足或者实际的利益上。在知识层面，企业家可以通过举办线上讲座、分享行业前沿报告或者提供专业的培训课程，帮助粉丝拓宽视野、提升自我，解决他们在工作或生活中遇到的难题。

情感价值的传递在粉丝运营中同样占据举足轻重的地位。粉丝在与企业家互动的过程中，往往期望能够感受到来自对方的温暖、鼓励以及深层次的共鸣。企业家可以通过分享自己的创业历程、成功与失败的经验教训，让粉丝感受到奋斗的力量和坚持的意义。

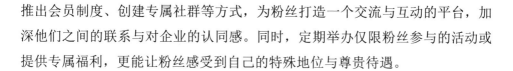

案例 11-3　蕾哈娜的 Fenty Beauty

蕾哈娜及其美妆品牌 Fenty Beauty 是一个极具代表性的案例。蕾哈娜凭借其在音乐界的卓越成就，成功跨界至商业与美妆领域，实现了个人 IP 的华丽蜕变。她的个人 IP 以颠覆传统、挑战非传统肤色标准以及展现鲜明个性而著称。而 Fenty Beauty 品牌则完美继承了这一精神内核，其产品不仅颠覆了传统美妆行业的常规标准，还为各种肤色提供了广泛且丰富的色号选择，色彩鲜明且引人注目。这种品牌与创始人之间的紧密联系，为 Fenty Beauty 赋予了独特的魅力。

在营销策略上，Fenty Beauty 注重与各种肤色、个性鲜明的 KOL 合作。这些 KOL 所拍摄的产品试用视频充满了个人特色，与 Fenty Beauty 和蕾哈娜共同构建了统一的价值观联盟，共同推广这些本身就充满个性的产品。他们致力于打破常规、突破肤色限制，传递品牌独特的价值主张。在 Fenty Beauty 的新品海报中，我们几乎看不到传统意义上的美女形象，取而代之的是更加多元、包容的女性形象。

Fenty Beauty 的目标消费群体是那些能够接受其价值主张的年轻女性，年龄为 18 ～ 24 岁。在推广上，Fenty Beauty 主要侧重于 TikTok、Instagram、小红书等社交平台，这样的策略有利于激发跨圈层的讨论，吸引新的流量。

总之，在粉丝运营中，企业家要将个性化内容打造和为粉丝提供价值作为重中之重。深入了解粉丝，运用数据驱动的方法创作个性化内容，并从知识、情感和实际利益等多维度为粉丝创造价值，才能赢得粉丝的真心喜爱和长久支持。

▶ 11.3.3 持续互动：持续激发粉丝活力

持续互动是粉丝运营的核心要素之一。它意味着企业家不能仅在初期与粉丝进行短暂的交流，而是要长期与其保持频繁、富有深度的沟通。这种持续的互动能够让粉丝感受到企业家的关注和重视，增强他们对企业家 IP 的认同感和忠诚度。想要持续与粉丝互动，企业家可以采取以下策略，如图 11-4 所示。

PART 01　创作优质的内容　　PART 02　精确定位　　PART 03　定期举办活动　　PART 04　及时回复

图 11-4　企业家持续与粉丝互动的策略

1. 创作优质的内容

创作并呈现优质的内容对吸引和维系粉丝至关重要。企业家需深入洞察粉丝的兴趣与需求，精心策划并制作出既富有创意又具有实用价值与趣味性的短视频内容。同时，企业家应保持内容的定期更新，确保粉丝始终能够获取新鲜、有价值的信息，从而维持对企业家及其品牌的高度关注与兴趣。

2.精确定位

企业家应通过深入的数据分析，精准把握粉丝群体的年龄分布、性别比例以及地域特性，为构建粉丝画像提供有力依据。基于精准的定位，企业家能够更有针对性地创作出贴合粉丝实际需求的内容，进一步提升内容的吸引力和传播效果。

3.定期举办活动

为了激发粉丝的参与积极性，企业家应定期举办多样化的互动活动，如问答、投票、抽奖等。这些活动不仅为粉丝提供了展示自我的机会，也为企业家与粉丝搭建了更为有效的沟通桥梁。通过积极参与这些活动，粉丝能够感受到企业家的关怀与重视，进而提升对企业家的忠诚度和认同感。

4.及时回复

对于粉丝在社交媒体上提出的问题和建议，企业家应高度重视，并尽快回应。同时，对于粉丝的反馈意见，企业家应持开放、虚心的态度，认真倾听，并据此进行必要的改进和优化。这种及时的回应与反馈机制，能够充分展现企业家对粉丝的尊重与关心，进一步加深企业家与粉丝之间的情感。

对于企业家来说，与粉丝持续互动是一项长期的工作。企业家可以通过多种渠道、丰富多样的形式和创新的内容，持续激发粉丝的活力，以赢得更多忠实粉丝，推动个人 IP 不断发展壮大。

11.4　建立社群，搭建私域流量池

如今，很多企业家通过建立社群将粉丝从公域引入私域。在社群中，企业家可以与粉丝直接、深入、高效地交流互动，从而精准把握市场需求与反馈，对产品和服务进行及时优化与调整。此外，私域内的粉丝具有很高的忠诚度和转化率，能够给企业家带来持续稳定的收益，有效促进企业家个人 IP 稳健发展。

▶ 11.4.1　标签定位：明确社群发展方向

在粉丝运营中，标签定位是一个关键环节，它有助于明确社群发展方向，实现精准营销和高效互动。标签定位，简单来说，就是为粉丝和社群赋予特定的属性与特征，以便更好地理解他们的需求、兴趣和行为模式。通过准确的标签定位，企业家能够将庞大的粉丝群体细分为不同的类别，从而制定更有针对性的运营策略。

首先，标签定位有助于企业家深入了解粉丝的需求。在庞大的粉丝群体中，每个个体的需求和期望都可能是独一无二的。有的粉丝可能更关注产品的质量和性能，有的可能更看重品牌的文化和价值观，还有的可能仅仅是因为对企业家个人的崇拜而成为粉丝。通过为粉丝打上不同的标签，企业家可以清晰地了解每个细分群体的核心需求，从而提供更符合他们期望的内容和服务。

其次，标签定位能够明确社群的发展方向。一个缺乏明确方向的社群往往难以形成稳定的凝聚力和向心力，容易导致粉丝的流失和社群的混乱。通过为粉丝打上标签，企业家可以清晰地把握社群的核心主题和价值取向，从而制定符合社群发展方向的运营策略。

以 Keep 为例，其创始人王宁通过深入分析用户在平台上的行为和分享的内容，给用户打上"健身新手""塑形爱好者""专业健身达人"等标签。基于这些标签，Keep 明确了社群的发展方向，即提供多样化、个性化的健身方案。通过推出适合不同人群的课程和训练计划，并鼓励用户通过社群互动相互监督和分享成果，Keep 迅速成为备受欢迎的健身应用，吸引了大量忠实粉丝。

再次，标签定位有助于企业家进行精准营销。在竞争激烈的市场环境中，精准营销是提高营销效果、降低营销成本的重要手段。通过了解粉丝的标签，企业家可以针对不同标签群体制订个性化的营销方案。例如，针对价格敏感型的粉丝群体，可以推出更多的优惠和折扣活动；针对追求品质和个性化的粉丝群体，则可以推出限量版或定制化的产品。精准的营销策略能够大大提高营销的转化率和回报率，企业家也能获得更多商业机会和利润。

最后，标签定位还能促进粉丝之间的互动和交流。具有相同标签的粉丝往往有相似的兴趣和话题，他们在交流中更容易产生共鸣和达成共识。企业家可以根据标签组织相应的线上或线下活动，为粉丝提供一个分享经验、交流心得的平台。例如，为"摄影爱好者"标签的粉丝举办摄影比赛和作品分享会，为"美食达人"标签的粉丝组织美食探店和烹饪交流活动。这样不仅能够增加粉丝对社群的归属感和忠诚度，还能够吸引更多志同道合的人加入社群。

总之，标签定位在企业家粉丝运营中起着至关重要的作用。它不仅能够帮助企业家深入了解粉丝需求、明确社群发展方向、实现精准营销，还能够促进粉丝之间的互动和交流，为企业的发展和壮大提供有力的支持。因此，在粉丝运营的过程中，企业家应该高度重视标签定位的重要性，并不断探索和实践更加有效的标签定位方法。

11.4.2　内容输出：持续产出合适的内容

对于企业家来说，建立社群不仅能够增强其 IP 的影响力，还能直接与粉丝互动，了解市场需求。社群具有社交性，正因如此，企业家才能通过社群维护粉丝，用社群带动产品的销量。社群的活跃程度主要体现在粉丝的谈论热度上——社群是一个将有同样目的的粉丝聚集起来的平台，而粉丝在这个平台中的主要活动方式就是讨论、交流。同时，企业家也可以借社群这一平台，深度接触粉丝。

在社群内容输出方面，企业家需要保证内容与自身、企业或产品紧密相连。只有这样，粉丝才能在社交过程中加深对企业家和产品的认知。企业家可以从以下四个方面出发，打造适合社群的内容，如图 11-5 所示。

1.社群性质

从社群性质出发选择内容，能够在潜移默化中让粉丝改变自己的观念，从而更容易接受企业家推荐的产品。例如，一位企业家主营的是育儿产品，其社群提供的内容也都是与育儿相关的知识。该企业家在推出一款辅食产品之前，会先发文告诉粉丝喂食婴儿辅食的好处、什么时候应该为婴儿添加辅食、如何

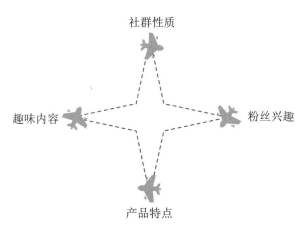

图 11-5　打造适合社群的内容的四个切入点

选择辅食等。这样一来，婴儿辅食就会引起粉丝的重视，当产品上市时，就会吸引更多粉丝购买。

2.粉丝兴趣

社群形成的基础就是粉丝的兴趣，因此，企业家在打造社群内容时，需要考虑粉丝的兴趣。粉丝对话题感兴趣，自然会积极参与讨论。

要想保证所选话题符合粉丝的兴趣，企业家就要对粉丝进行分析、研究，包括粉丝的年龄层次、学历层次、所处的地域以及所从事的行业等。在社群粉丝较多的情况下，企业家无法保证所选话题符合每一位粉丝的兴趣，但至少要确保话题符合大多数粉丝的兴趣。

3.产品特点

企业家建立社群的最终目的是销售产品、实现盈利，因此，企业家在选择社群的内容时，要注意与产品相结合。企业家可以从产品特点入手，制造有意义的话题让粉丝讨论，以便让粉丝了解产品，吸引粉丝购买产品。

4.趣味内容

趣味性浓厚的内容能够吸引更多粉丝的关注，还可以调节社群的气氛，但是频繁推出这类内容不是明智之举。因为趣味性内容过多会分散粉丝的注意力，削减其对企业家的关注。企业家要有选择性地运用趣味性内容，更要坚决抵制低级趣味的内容。

还需注意的是，即便再优质的内容，若持续不断地重复讨论，也难免会让粉丝感到厌倦。因此，企业家在策划内容时，应注重创新与多样性，避免内容重复。内容不断推陈出新，可以给粉丝带来新鲜感与惊喜，从而稳固并扩大粉丝基础。

11.4.3　矩阵布局两大模式：实现社群从1到N

社群矩阵布局主要包含两种模式：社群平行模式和社群递进模式。

社群平行模式强调在同一时间框架内，围绕不同维度、不同兴趣点或不同粉丝群体建立多个独立的社群。这些社群之间虽相互独立，但形成一种平行而互补的生态系统。

例如，企业家可以同时在科技、时尚、健康等多个领域开展业务并建立社群，吸引具有不同兴趣爱好的追随者。企业家通过整合各个社群的资源和优势，形成一个互相联系、互相促进的生态系统。在科技社群中，可以分享最新的科技动态和产品创新；在时尚社群中，可以展示时尚搭配和潮流单品；在健康社群中，可以提供养生知识和推荐健康产品。这种跨领域的布局策略能够满足粉丝多样化的需求，从而增加粉丝的黏性和忠诚度。

社群平行模式的优势体现在以下几方面。

（1）广泛覆盖。通过设立多个平行社群，企业家能够触达更广泛的目标受众，无论是行业专家、潜在客户、合作伙伴还是意见领袖，都能在各自的社群中找到归属感，形成庞大的网络效应。

（2）多元互动。不同社群间的成员可能因交叉兴趣而产生交集，这种跨社群的互动促进了信息的多向流通和资源的优化配置。同时，多元视角的碰撞也能激发创新思维，给企业发展带来新机遇。

（3）精准定位。每个平行社群都有其独特的定位和核心价值，这有助于企业家更精准地满足不同粉丝群体的需求，提升服务质量和粉丝黏性。

要成功实施社群平行模式，关键在于有效管理和协调各个社群，确保它们既能保持独立特色，又能统一于品牌或核心价值之下，形成合力。这要求运营者具备高度的策略规划能力、资源调配能力和跨社群协同能力。

社群递进模式专注于特定垂直领域，深入挖掘，直击核心。与社群平行模式相比，社群递进模式更加注重用户从认知到兴趣、从参与到转化的全链条深度培养。该模式通过构建一系列有序、渐进的社群层级，引导用户逐步深入，实现从浅层互动到深度参与乃至最终转化。

社群递进模式的优势体现在以下几方面。

（1）深度参与。社群递进模式鼓励成员从旁观者转变为积极参与者，通过持续的内容输出、经验分享和互动讨论，增强社群凝聚力，提升成员的归属感和忠诚度。

（2）价值转化。在递进过程中，企业家可以逐步引导成员关注企业产品、服务或品牌理念，通过提供高价值的内容、优惠活动或专属权益，促进成员从了解到购买，再到成为忠实粉丝。

（3）持续迭代。社群递进模式会动态发展，企业家需要根据成员反馈和市场变化，不断调整优化社群内容和活动形式，确保社群始终保持活力和吸引力。

以一位专注于美容行业的企业家为例，他从基础的护肤知识普及开始，进而深入高级美容手术的讲解，最终触及前沿的美容科技研究。通过这种逐步深入的方式，持续满足粉丝对知识和服务的深度需求，从而在该领域树立权威形象，吸引了更多的精准粉丝。

粉丝社群的裂变对企业家个人 IP 传播至关重要。通过高效的社群管理，企业家能够将粉丝从单一的流量源转变为长期的"留量"资源，从而为企业和个人 IP 持续创造价值。

钱治亚作为瑞幸咖啡的创始人，借助线上、线下融合的营销策略，吸引了众多忠实粉丝。在线上，她利用社交媒体平台推出一系列促销活动，如邀请好友获取免费咖啡券和折扣券，以实现粉丝裂变。同时，依托大数据分析，向用户推送定制化的优惠信息和推介新品，从而提升用户的参与感和忠诚度。在线下，她通过举办促销活动吸引过往顾客，使得瑞幸咖啡的粉丝社群持续扩大。

打造疯传内容是吸引和留住粉丝的关键。精心打造具有高度传播性的内容，激发广泛的讨论和分享，不仅能迅速提升企业家、企业及产品的知名度，还能在目标受众中构建强大的影响力。通过这种策略，企业家能够不断吸引新的追随者，并通过持续提供有价值的内容来维系现有粉丝，进一步巩固自身在市场中的地位。

企业家若能巧妙运用矩阵布局的两种主要模式，打造引人入胜的内容，便能实现粉丝社群的迅速扩张，从而显著提升个人 IP 的影响力和价值。在这个充满竞争的时代，只有持续创新和优化社群运营策略，企业家才能在市场中脱颖而出，赢得粉丝的青睐与支持。

舆情管理：
控制舆情的负面影响

在当今时代，随着社交媒体的广泛普及，信息传播速度不断加快，企业家的每一个行动都可能受到公众的高度关注和审视。这意味着，任何一条负面舆情，都有可能在极短时间内迅速扩散至整个网络，从而对企业家的声誉、形象乃至企业的经营发展产生负面影响。

12.1 日常舆情管理

舆情既能成为企业家 IP 传播的助推器，也可能是潜在的危机导火索。正面的舆情能提升企业家形象、增强其 IP 影响力，吸引更多的合作伙伴和消费者；而负面舆情若处理不当，则可能引发信任危机，导致市场份额萎缩，甚至危及企业的生存。

► 12.1.1 面对调侃，幽默回复

在竞争激烈、舆论喧嚣的商业世界中，企业家不仅需要具备卓越的领导才能和敏锐的商业洞察力，还需要拥有应对各种挑战和压力的智慧与勇气。

面对外界的调侃，企业家以幽默的方式回应，不仅可以化解尴尬、营造轻松氛围，还可以展现自己的个人魅力与独特的商业智慧。

案例12-1 宗馥莉回应章泽天

在一次社交聚会上，章泽天以轻松幽默的方式调侃宗馥莉。她提出了一

个假设性的问题："如果我去你们公司上班，年薪会是多少呢？"宗馥莉听后，微笑着回应了她的调侃。她表示，虽然她们公司的薪资水平可能不是市场上最高的，但她非常欢迎更多优秀的人才加入她们的团队。

宗馥莉还特别提道，像章泽天这样既有才华又有颜值的人才，她们公司当然非常重视。她半开玩笑地补充说，如果薪资方面有所不足，或许可以用公司的产品来弥补，比如赠送几瓶娃哈哈饮料作为额外的福利。这样的回应既展示了宗馥莉的幽默感，也体现了她对人才的重视。

企业家的幽默回复，融合了语言技巧和高情商，体现了对企业本质的深刻理解和坚定信念，以及对公众舆论的尊重和巧妙引导。在舆情管理中，企业家幽默回复的目的主要有以下几个，如图 12-1 所示。

图 12-1　企业家采用幽默回复话术的目的

1.化解冲突与误解

信息传播往往容易产生偏差，导致公众对企业家的行为或企业的产品产生误解。而幽默的回复可以缓和紧张的气氛，让公众感受到企业家的亲和力和诚意，从而减少抵触情绪，促进双方的沟通和理解。

2.塑造企业形象

一个能够以幽默应对调侃的企业家，会让公众觉得这家企业充满活力、开放包容，进而提升对企业的好感度。这种积极的形象塑造，对企业的品牌建设和市场推广具有不可忽视的作用。

3.激发员工凝聚力与归属感

当企业家以幽默的态度面对外界的调侃时，这种乐观自信的态度将深深感染每一位员工。员工会因此更加坚信企业的价值观与使命，更加紧密地团结在一起，为实现共同的目标而努力奋斗。

然而，要做到幽默回复并非易事，需要企业家具备敏锐的洞察力、快速的反应能力以及深厚的语言功底。同时，企业家还需要对企业的核心价值观和战略有清晰的认知，确保在幽默的同时不会偏离企业的根本原则和目标。

总之，企业家以幽默回复应对调侃，能够巧妙地化解尴尬或棘手的问题。这是企业家智慧的体现，也是一种艺术的表达，为企业的发展增添了一抹别样的色彩。

▶ ## 12.1.2　关注小事件，积蓄力量

在信息化时代，舆情公关已成为企业家维护个人 IP 及声誉的重要手段。企业家应当高度重视日常舆情管理，通过妥善应对各种情况，不断积累良好声誉，以集聚持续发展的动力。

在舆情管理实践中，常有微不足道的细节被遗漏。然而，这些看似不起眼的小事，可能成为引发重大舆情危机的导火索。例如，员工不当的言辞、产品的质量瑕疵、客户投诉处理欠妥等，都可能借助网络的翅膀迅速扩散，引起公众的强烈关注和热议。如果未能及时妥善应对，这些小事件可能会发酵，升级为对企业家形象乃至企业品牌造成重大冲击的舆情危机。

日常舆情管理是一项长期而持续的工作，不能一蹴而就。只有长期坚持，才能取得良好的效果。

首先，坚持能够显著提升企业家的舆情洞察力。通过对日常琐事的密切关注和深入剖析，企业家能够洞察公众的关注焦点和需求动态，把握舆情传播的内在规律和独特特征。这能够帮助企业家更迅速地辨识潜在的舆论风险，从而提前制订应对措施，以防舆情发生。

其次，持之以恒地努力有助于企业家塑造良好形象。通过在日常小事中不断展现个人的价值观、领导才能以及人格魅力，企业家可以逐渐在公众心中构建起一个清晰且独特的形象。

最后，坚持不懈地实践能够增强企业家的危机应对能力。在应对各种小事件的实践中，企业家可以不断汲取经验，改进舆情管理的框架和应对策略。当

突发的舆情危机来临时，企业家能够更加镇定自若地应对，有效减小负面影响，以保护自己及企业的核心利益不受损害。

想要在日常舆情管理中通过小事件积蓄力量，企业家就要做到以下几个方面。

1.建立健全舆情监测机制

企业家应建立一套完善的舆情监测机制，关注网络、社交媒体、新闻媒体等渠道上与企业相关的信息。企业家可以使用专业的舆情监测工具，设定关键词和监测范围，及时发现小事件的苗头，做到早发现、早处理。

2.快速响应和处理

对于发现的小事件，企业家要迅速作出响应，第一时间了解事情的真相和原因。在处理过程中，企业家要保持诚恳的态度，积极与相关方沟通，及时公布处理进展和结果。对于公众的关切和质疑，企业家要耐心解答，以消除误解。

3.强化内部管理

小事件的发生往往与企业内部管理存在一定的关联。企业家要加强对员工的培训和教育，增强员工的舆情意识和危机应对能力。同时，要完善企业内部管理制度，规范员工的行为和操作流程，从源头上减少小事件的发生。

4.善于借助外部力量

在舆情管理中，企业家可以借助专业的公关公司、律师事务所等外部力量，获取专业的意见和建议。此外，与行业协会、媒体等保持良好的沟通和合作，企业家能够获得更多的支持和帮助。

5.持续跟踪和评估

处理完小事件后，企业家要对其进行持续跟踪和评估，了解公众的反馈和评价。通过总结经验教训，企业家可以不断完善舆情管理策略和措施，提高舆情管理的水平和效果。

总之，企业家在日常舆情管理中要重视小事件的作用，将其作为提升声誉和形象的重要途径。通过建立健全舆情监测机制、快速响应和处理、强化内部管理、善于借助外部力量以及持续跟踪和评估等措施，企业家可以长期坚持做好小事件的舆情管理工作，为企业的发展积蓄强大的力量，在激烈的市场竞争中立于不败之地。

12.2 规避陷阱，打赢危机公关战

舆情危机一旦爆发，不仅会对企业家形象造成严重损害，还可能直接影响企业的市场份额、经济效益乃至长远发展。然而，在舆情管理与危机公关中，存在诸多陷阱。错误的判断、不当的回应、迟缓的行动等，都可能使企业家在危机中越陷越深。因此，企业家敏锐洞察舆情变化，精准识别潜在陷阱，制定科学有效的应对策略，成为打赢危机公关战的关键。

▶ 12.2.1 展示格局，避免斤斤计较

在危机公关的关键时刻，企业家的态度和表现往往决定企业的命运。一个有格局的企业家，能够以宽广的视野、豁达的胸怀和长远的眼光来应对危机，从而引领企业走出困境、重塑形象、实现可持续发展。

为了有效地应对危机，企业家需要具有宏大的格局，切不可斤斤计较。在危机公关中，展示格局的重要性主要有以下几点，如图 12-2 所示。

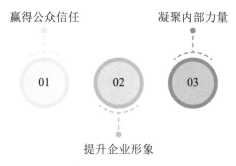

图 12-2　在危机公关中展示格局的重要性

1.赢得公众信任

拥有大格局的企业家能够秉持坦诚、负责的态度直面危机，勇于承认错误，并提出切实可行的解决方案。这种真诚与担当能够深深打动公众，从而重新赢得他们的信任与支持。

2.提升企业形象

企业家在危机中展现出的格局和担当，能够彰显其社会责任感和带领企业长远发展的决心。这有助于提升企业在公众心目中的形象，为危机后的复苏奠定基础。

3.凝聚内部力量

企业家的格局能够在企业内部形成一股强大的正能量，激发员工的归属感和责任感，促使全体员工团结一致，共同应对危机。

在应对危机的过程中，企业家可以通过以下几种方式展现出宏观的视野。

1.以大局为重

企业家在危机公关中要打破个人和企业短期利益的局限，从行业发展、社会影响等更宏观的角度看待问题。企业家不应纠结于一时的得失，而应着眼于企业的长期发展和声誉。

2.关注利益相关者的整体利益

除了自身利益，企业家还要充分考虑消费者、员工、合作伙伴等利益相关者的利益。在制定危机应对策略时，企业家应力求实现多方共赢，而非仅仅追求自身利益最大化。

3.保持宽容与包容

对于公众的批评和指责，企业家应保持宽容的心态，理解公众的情绪和关切。此外，企业家应避免与个别言论过激者针锋相对，而应以理性、温和的方式进行回应。

例如，某汽车企业的创始人在公司面临某款车型召回的重大危机时，展现了卓越的领导才能和宽广的视野。

在事件爆发之初，消息迅速扩散，引起了用户的忧虑。该创始人迅速作出反应，立即组织团队进行深入的调查，在最短的时间内确定问题的根源。随后，他通过官方声明、媒体发布会以及直接对话等多种方式，向广大用户表达了深切的歉意，并郑重承诺为所有受影响的车辆提供免费的维修和更换服务。在处理整个危机的过程中，该创始人并未在成本和损失上过分计较。他深知，用户的安危和满意度是企业能否持续发展的根本。

这种有格局、负责任的处理方式，产生了积极的影响。首先，它有效地缓解了用户的紧张情绪，使原本焦虑不安的用户感受到企业对他们的重视和关怀。其次，这一举措不仅未对企业的品牌形象造成损害，反而在消费者心中树立了一个勇于承担责任、诚信可靠的企业形象。许多用户表示，在这样的危机面前，该企业的表现使他们更加坚定了对其的信任和支持。

最终，这次召回危机成为该汽车企业提升品质管理水平、加强与消费者沟通互动的一个重要契机。在其创始人的领导下，该企业进一步优化了生产流程和质量监控体系，以确保类似问题不再发生。同时，通过与用户建立更加紧密的联系，不断倾听他们的需求和意见，该企业在产品研发和服务改进方面取得了显著的成果，为持续发展奠定了坚实的基础。

再如，某互联网企业因数据泄露事件陷入危机。然而，该企业的负责人在面对公众质疑时，却试图淡化问题的严重性，强调事件产生的原因是竞争对手的恶意攻击。这种不负责任的态度引发了公众的强烈不满，导致企业形象一落千丈，用户大量流失。

总之，企业家在危机公关中要保持清醒的头脑，避免陷入常见的陷阱。企业家以宏大的格局和宽广的胸怀面对危机，勇于承担责任，积极采取行动，才能化解危机，为企业赢得未来发展的机会。

▶ 12.2.2　重视承诺，小题大做显奇效

当企业遭遇危机时，公众首先关注的是企业家是否敢于承担责任，是否能够给出明确且可信的承诺。坚定而真诚的承诺不仅能够稳定人心，还能为后续的危机解决奠定基础。

承诺在危机公关中扮演至关重要的角色，主要体现在以下几个方面，如图 12-3 所示。

1.建立信任

企业家的承诺是重建公众信任的关键。一个真诚、明确且可行的承诺，能够让公众感受到企业解决问题的决心和诚意。例如，对于产品质量问题，企业家可以承诺立即召回问题产品，并对消费者进行赔偿；对于服务失误问题，企业家可以承诺改进服务流程，加强员工培训，以确保类似问题不再发生。

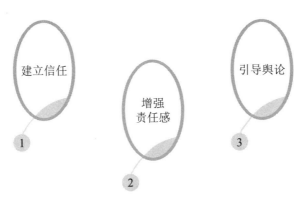

图 12-3　承诺在危机公关中的意义

2.增强责任感

重视承诺能够促使企业家和企业全体员工更加认真地对待危机，增强责任感。因为一旦作出承诺，就必须全力以赴地去实现，否则将再次失信于公众。

3.引导舆论

通过承诺，企业家可以引导舆论的走向，将公众的注意力从危机本身转移到企业的解决方案和未来行动上。一个有力的承诺能够激发公众对企业未来发展的期待，从而为危机的解决创造有利的舆论环境。

企业家对看似微不足道的问题采取"小题大做"的策略，往往能产生意想不到的积极效果。这不仅能够凸显企业家对问题的高度重视，而且能让公众深切感受到企业家对公众权益的尊重与保护，从而提升企业家的形象。此外，它有助于使问题在萌芽阶段就得到彻底解决，避免小问题演变成大危机。例如，迅速处理小范围内的客户投诉，不仅能解决当前的问题，还能预防问题扩散。

某知名集团的一个商业项目在推进过程中遭遇了一些挑战和质疑，如工期延误、与合作方之间的纠纷等。面对这些困难，集团领导者公开承诺，他将严格按照既定的规划和标准来完成这个项目，绝不会辜负各方的期待和信任。

为了确保项目顺利进行，该领导者亲自出面协调各种资源，确保各个环节都能按时完成。他不仅在内部加强了对项目进展的督促，还定期向社会公布项目的最新进展情况，以提升项目的透明度和公众的信任度。在一次新闻发布会上，他坚定地表示对这个项目的成功充满信心，将会克服所有困难，确保项目按时按质完成。

在这位领导者的积极承诺和有力行动下，项目最终顺利推进，化解了危机。他不仅多次参与同合作方的谈判，还亲自监督关键环节的施工进度。他的果断决策和勇于担当的企业家形象得到了广泛的认可与赞誉。

综上所述，企业家在危机公关中要重视承诺的作用，并善于运用"小题大做"的策略。只有这样，才能有效地化解危机，保护企业的声誉和利益，推动企业实现可持续发展。

▶ 12.2.3　第一时间响应，展示态度

如果企业家能在舆情爆发的第一时间响应，展示积极、负责的态度，便能在一定程度上缓解公众的质疑和愤怒，为解决问题赢得宝贵的时间和空间。企业家第一时间响应舆情的重要性主要有以下几点。

1.遏制负面舆情扩散

当舆情爆发时，负面信息往往如同燎原之火，迅速蔓延。如果企业家未能立即采取行动并作出回应，各种推测、流言蜚语和误导性信息便会充斥市场，进而引发舆论动荡。因此，迅速地应对至关重要，它能使企业家抢占舆论的制高点，及时发布准确信息，有效抑制负面舆情的蔓延，以维护企业的声誉。

2.表明企业家的重视程度

迅速而果断的响应彰显了企业家对舆情的重视，以及对消费者和各利益相关方的深切关怀。这种积极的姿态能够有效缓解公众的紧张情绪与疑虑。

3.掌握主动话语权

在舆情爆发初期，公众对事件的认知往往受限，此时企业家的反应具有引导舆论导向的作用，为后续危机管理奠定坚实的基础。如果企业家能够迅速提供透明、有说服力的解释及应对策略，就更有可能抢占舆论制高点，掌握主动话语权，从而降低负面影响，维护自身声誉。

📝 案例12-2 海底捞卫生事件

海底捞曾被曝光后厨存在卫生问题，迅速引起了公众的广泛关注。报道中提道，海底捞的后厨存在诸多令人担忧的现象，包括老鼠在厨房内四处乱窜、

餐具清洗不彻底等。这些画面一经曝光，立即引发了公众的强烈反响，对海底捞的品牌形象造成了严重的负面影响。

　　事件曝光后，海底捞的董事长张勇迅速作出反应。在短短数小时内，他发表了公开道歉信，向广大消费者和社会各界表达了诚挚的歉意。张勇坦诚承认公司在管理上的疏忽，并承诺将立即采取一系列整改措施，以确保食品安全和卫生标准的严格执行。他还表示，公司将会承担相应的责任，对相关责任人进行严肃处理。

　　张勇的迅速反应和真诚态度在一定程度上平息了公众的不满情绪。许多消费者表示，尽管对海底捞的卫生感到失望，但张勇的公开道歉和承诺整改的态度让他们看到了公司改正错误的决心。这为海底捞后续的整改工作及品牌形象的恢复打下了坚实的基础。然而，海底捞仍需付出巨大的努力，以重新赢得消费者的信任和支持。

　　再如，拼多多曾因其平台内充斥大量假冒伪劣商品而陷入舆论旋涡。面对这种情况，其创始人黄峥迅速撰写并发布了公开信，坦诚地承认公司在管理方面存在的疏忽和漏洞。他在信中明确表示，公司将坚定立场，加大打击假冒伪劣商品的力度，并计划推出一系列全面且具体的整改措施，以切实保障消费者的权益。

　　与此同时，拼多多积极与各大媒体及监管部门保持密切沟通，坦诚地接受外界的监督和批评，展现了坚定解决这一问题的决心。

　　企业家第一时间响应舆情并展示积极解决问题的态度能够有效控制舆情蔓延，保护企业的声誉和形象，还能够赢得公众的理解和信任，为企业的后续发展创造有利条件。

▶ 12.2.4　瞄准对象，诚恳发言

　　如果企业家陷入舆论旋涡，可能对相关利益主体产生影响。企业家应先明确受舆情影响的对象，再明确发声的策略和具体内容。

　　消费者与客户关切的是其个人权益是否受到侵害，以及企业家将如何妥善解决这一问题。企业家应以真挚的歉意回应，详尽阐述问题的成因与解决方

案，并郑重承诺将全力保障他们的合法权益。例如，当产品出现质量问题时，企业家应迅速制订召回与赔偿计划，明确告知消费者，让他们真切感受到企业的负责与担当。

投资者与合作伙伴聚焦于企业的经营稳定性与未来发展潜力。企业家需向他们详细阐述企业为应对危机所采取的一系列措施，以及这些措施对企业长远发展的积极影响，从而稳固他们的信心。例如，在遭遇重大经营挑战时，企业家可以通过召开投资者见面会或发表公开信的方式，详尽介绍企业的战略调整与转型规划，稳定投资者与合作伙伴的情绪。

至于企业员工，他们更关心企业的未来走向与个人的职业发展。企业家应向员工传达企业的应对策略与长远目标，鼓励他们团结一心、共同面对挑战，让员工深切感受到企业的凝聚力与向心力。例如，在市场竞争日趋激烈之际，企业家可以通过内部会议或邮件，向员工介绍企业的创新计划与发展方向，激发他们的工作热情与创造力。

社会公众更关注企业家的社会责任履行情况与社会形象。企业家应展现社会责任感与担当精神，积极参与公益事业，塑造良好形象。例如，在企业发生环境污染事件时，企业家应公开道歉，并承诺投入资金进行环境治理与修复，同时发布企业的可持续发展规划，以赢得社会公众的认可与支持。

在明确受舆情影响的对象后，企业家应以诚恳的态度进行表达。诚恳是建立信任的基础，更是化解危机的关键所在。在舆情危机中，任何虚假、敷衍或推诿的言辞都可能引发公众的强烈不满，进而使危机愈演愈烈。因此，企业家应以真挚的态度与公众沟通，以赢得信任、化解危机。

首先，企业家应认真自省。当企业面临问题时，他们应当果断地承认错误，勇担责任，为危机的妥善处理奠定坚实的基础。例如，当企业的产品被曝光存在安全隐患时，企业家应当迅速采取行动，公开承认问题，并向消费者及社会各界表达诚挚的歉意，同时承诺将立即采取措施进行整改。

其次，企业家需以实事求是的态度传达信息。在公开沟通时，他们应详尽、公正地阐述问题的起因、影响范围以及解决的最新进展，避免误导性地隐瞒或夸大事实。只有让公众掌握事实的全貌，才能消除他们的疑虑和误解。

最后，企业家应提出具有可操作性的解决策略。在承认错误和披露事实的

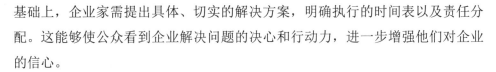

基础上，企业家需提出具体、切实的解决方案，明确执行的时间表以及责任分配。这能够使公众看到企业解决问题的决心和行动力，进一步增强他们对企业的信心。

总之，在面对舆情危机时，企业家需要保持冷静、理性的态度，精准定位沟通的目标群体，并以真挚、诚恳的态度与其沟通交流。只有这样，才能有效地化解危机，维护企业的声誉和利益，为企业长期稳定发展奠定坚实的基础。

▶ 12.2.5　给出解决方案，有理有据

对于企业家来说，面对舆情风暴时能够迅速并有条不紊地提出有据可依的解决方案，是关乎企业声誉、形象乃至生死存亡的关键。这要求他们具备卓越的洞察力和果断的决策力，以便在短暂的时间内准确把握舆情的核心矛盾和动态走向，从而迅速制定切中要害的应对策略。

有理有据的回应要基于事实，以数据和证据为支撑。企业家不能仅依赖空洞的保证和言辞来消除公众的疑虑，而应提出切实可行的解决方案，并明确实施的具体步骤。同时，倾听公众的声音，积极回应他们的疑问和关切，是建立双向沟通的桥梁、增强公众信任的关键。

在处理舆情的过程中，企业家还应充分利用各种传播渠道和平台，确保信息及时、全面公开。除了传统的新闻发布和官方声明，企业家还可以通过社交媒体平台直接与公众互动，通过多元化的信息传播途径，确保每一个利益相关者都能准确、迅速地接收关键信息。

某物流企业曾因物流配送问题引发了一场严重的舆情危机，许多用户反映物流存在配送延迟、货物损坏等问题，这些问题在社交媒体上迅速扩散开来，引起了公众的广泛关注和不满情绪。

面对这一情况，该企业的创始人通过官方渠道发表声明。他先向所有受到影响的用户表达诚挚的歉意，并承认物流管理方面存在不足。接着，他详细介绍了已经实施的一系列改进措施，包括加大对物流人员的培训力度、优化物流配送流程以及加强货物包装的质量控制。此外，他还公布了一个监督邮箱，邀请用户监督企业的改进效果，并承诺会在24小时内对用户的反馈作出回应，并提供切实可行的解决方案。

该企业创始人迅速响应与提出合理的解决方案，有效缓解了公众的负面情绪，使得舆情逐渐趋于平稳。随后，该物流企业通过一系列持续的实际行动，不断改善服务质量，最终重获用户的信任。

面对舆情危机，企业家应及时给出合理的解决方案。只有以真诚的态度、果断的决策和切实的行动，才能在舆情的风浪中稳住企业的航船，赢得公众的信任和支持，为企业的发展创造良好的舆情环境。

▶ 12.2.6 引导情绪，避免事态升级

面对可能引发公众不满或恐慌的舆情，企业家的态度和处理方式在一定程度上决定了事态的走向。舆情一旦失控，不仅可能损害企业家的形象和声誉，还会对企业的经营和发展造成严重的冲击。因此，企业家在应对舆情时，需采取一系列策略以引导公众情绪，防止事态进一步升级。

📝 案例12-3 陈睿的危机公关示范

一位网友曾在知乎发布话题"如何看待哔哩哔哩曾承诺永远不加广告，而现在却加了贴片广告？"并附上网站截图，以证明内容的真实性。该话题迅速引起了知乎、B站网友的广泛讨论。面对明显不利于B站的舆情走势，陈睿及其团队作出了教科书级别的应对行动。

首先，在话题发布后的转天，陈睿通过其知乎个人账号，在该话题下发布了一篇1000字左右的文章，回应争议。文章中多次使用"对不起""抱歉"等字样，表达对用户的歉意，直截了当地展现危机公关最基本的情绪。反应之迅速、态度之诚恳证明了他对此次事件以及B站用户的重视。

其次，陈睿在文章开头表示："因为过去两天我们一直在和版权方沟通，在得到版权方许可之后我们才能公布事情的经过。"这表明公司内部团队在积极运作此事，再一次表态。紧接着，陈睿讲明此次事件的来龙去脉，包括引入版权的重要性、版权方的硬性要求、行业内部的恶性斗争等，并说明B站为尽量避免广告而作出的努力。在坦诚相告的同时引导舆情走势。

再次，陈睿提出了五个解决办法，包括手动跳过广告、返还金额等，并表

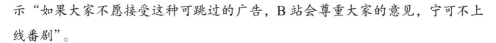

示"如果大家不愿接受这种可跳过的广告，B站会尊重大家的意见，宁可不上线番剧"。

最后，陈睿在文章中写道："过去的一天里，我们注意到在知乎、贴吧、微博，有很多用户在关心着B站，有部分用户在担心B站会不会变成他们不喜欢的样子。我们感谢大家的关心……在此，我可以肯定地告诉大家：B站未来有可能会倒闭，但绝不会变质。"一番表态证明了他与B站在认真倾听用户的声音，进一步引导舆情朝着有利于自身的方向发展。

事实证明，这篇危机公关稿件成功扭转了不利于B站的舆情走势，许多用户更是对陈睿"路转粉"，表示佩服他的勇气与决心，这堪称一场漂亮的危机公关战。

根据上述案例，我们可以提炼出企业家应对不利舆情、引导公众情绪的六大步骤。

1.迅速行动，彰显决心

当舆情初现端倪时，企业家应立即挺身而出，表明企业对事件的深切关注与高度重视，展现出企业不回避、不忽视的坚定立场。

2.全面洞察，深入剖析

企业家需组建专门的团队，全面收集并深入了解舆情信息，对事件的起源、发展、涉及人员等方面进行全面梳理。深入剖析舆情的发展趋势、公众的主要关注点与情绪倾向，有助于企业家精准把握事态的严重性与可能的发展方向。

3.坦诚相待，公开透明

在处理舆情过程中，企业家应秉持坦诚、透明的原则，及时向公众披露相关信息，避免任何形式的隐瞒或歪曲事实，以免引发公众更大的质疑与不满。

4.沟通无界，倾听公众的声音

积极与公众沟通是企业家应对舆情的重要策略之一。企业家应充分利用社交媒体、官方网站、新闻发布会等多种渠道倾听公众的声音和意见。对于公众的合理诉求与关切，企业家应给予积极的回应与解答，让公众感受到被尊重。

5.引导舆情，传播正能量

在应对舆情时，企业家应发布有价值的信息，分享企业的积极举措与价值观，以引导舆情的走向。例如，介绍企业在产品质量、社会责任等方面的努力与成果，传递正能量，增强公众对企业的信心。

6.借助外力，增强公信力

在必要时，企业家可适时引入独立、权威的第三方机构或人士，如行业专家、监管部门等，对事件进行调查或发表意见。他们的专业视角和客观评价往往具有较高的公信力，有助于企业家在公众心中树立可信的形象。

总之，企业家在面对舆情时，要保持冷静、果断，以积极的态度和有效的措施引导公众情绪，避免事态升级。通过及时、透明、诚恳的沟通与行动，展现企业家的责任担当和解决问题的决心，从而维护企业的良好形象和声誉。